A S S E T
SECURITIZATION

AND

SHADOW
BANKING

资产证券化
与影子银行

ASSET SECURITIZATION AND
SHADOW BANKING

邹晓梅◎著

社会科学文献出版社
SOCIAL SCIENCES ACADEMIC PRESS (CHINA)

前　言

　　资产证券化是利率市场化背景下中国商业银行经营转型的重要工具，也是供给侧结构性改革背景下全社会盘活存量资产的有力手段。美国次级抵押贷款危机暴露出在监管缺位前提下以资产证券化为核心的影子银行体系存在的诸多风险，这让中国在发展资产证券化这一问题上增添了诸多顾虑。因此，有必要深入分析资产证券化及其效应，深化资产证券化相关认识。

　　本书深入分析了资产证券化对商业银行盈利能力及稳定性的影响，并结合主要经济体的资产证券化实践，为中国资产证券化发展提供政策建议。第一部分包括引言和文献综述及理论分析。引言阐述了资产证券化基本概念，资产证券化在金融体系中的作用及其对传统金融中介的影响；文献综述及理论分析从供给和需求两个方面梳理了与资产证券化兴起相关的理论文献，并在此基础上综述了资产证券化对金融稳定的影响。第二部分依次介绍了美国、欧洲和日本的资产证券化实践，包括主要产品、特点、存在的问题以及对中国资产证券化发展的启示。第三部分介绍了中国资产证券化的现状和特征，并阐述了中国式影子银行体系与美国以资产证券化为核心的影子银行体系的联系与区别。第四部分利用美国商业银行数据分析了资产证券化对商业银行盈利水平及稳定性的影响及影响机制。资产证券化提高了商业银行的盈利能力（ROE），但也降低了商业银行的稳定性（Z指数）。具体的机制是，资产证券化活动强度越高，商业银行的杠杆率和资产周转率就越高，但收入利润率越低。全球金融危机对从事资产证券化业务的商业银行的负面冲击更大。利用中国商业银行数据分析了银行理财产品对商业银行盈利能力与稳定性的影响及影响机制。银行理财产品对大型银行和中小型银行盈利能力的影响存在较大差异。对于大型银行而言，银行理财产品发行活跃度越高，其盈利能力就越强，具体的机制是，理财产品发行活跃度越高，大型银行的杠杆率、资产周转率和收入利润率就越高。对于中小型银行而言，银行理财产品发行活跃度越高，其盈利能力就越低，具体的机制是，银行理财产品发行活跃度越高，中小型银行的杠杆率和资产周转率就越高，但收入利润率越低。稳定性方面，无论是大型银行还是中小型银行，发行银行理财产品都将降低其稳定性。第五部分分析了在中国发展资产证券化的意义，并提出促进中国资产证券化健康发展的政策建议。

Preface

Asset securitization is an important financial tool for Chinese commercial banks to realize operating transformation under the background of interest rate liberalization. It is also an useful method in revitalizing stock assets in supply-side structural reform. However, subprime crisis in the U.S. has revealed that poor regulation of securitization-based shadow banking system could result in potential risks, which leads to several worries in developing asset securitization in China. Therefore, it is necessary to analyze asset securitization and its effects in depth, so as to deepen related understanding of asset securitization.

This book contains five parts. The first part includes introduction and literature review. Introduction introduced basic concepts of asset securitization, analyzed its role in financial system and its influence on traditional credit intermediation. Literature review summarized a bunch of literatures of asset securitization, including its origination from the perspective of supply and demand, its relationship with financial stability. The second part introduced asset securitization practices in the U.S., European Union and Japan, including their main products, characteristics, existing problems and enlightment on China's asset securitization practices. The third part introduced the development of asset securitization in China, profile of Chinese shadow banking system, similarities and differences between securitization-based shadow banking in the U.S. and Chinese shadow banking system. In the fourth part, we analyzed the impact of asset securitization on commercial banks' profitability and stability, and discussed its influence paths from the perspective of Dupont decomposition, using panel data from American banking industry. On the profitability side, there was a significant positive relationship between a bank's securitization extent and its profitability presented by ROE. More specifically, the more vigorous of a bank's securitization activity, the higher of the bank's leverage and asset turn ratio, the lower of the bank's profit rate. Global financial crisis had a more negative shock on banks with securitization activity. On the stability side, there was a significant negative relationship between a bank's securitization extent and its stability presented by Z-score. In addition, we analyzed the impact of wealth management products (WMP) on commercial banks' profitability and stability, using panel data from 14 Chinese commercial banks. On the profitability side, there was a significant positive relationship between WMP issuance and ROE for big banks. More specifically, the more vigorous of a bank's WMP issuance activity, the higher of the bank's leverage, asset turn ratio and profit rate.

There was a significant negative relationship between WMP issuance and ROE for small and medium-sized banks. More specifically, the more vigorous of a bank's WMP issuance activity, the higher of the bank's leverage and asset turn ratio, the lower of the bank's profit rate. On the stability side, there was a significant negative relationship between WMP issuance and stability for all banks. The fifth part analyzed the significance of developing securitization in China, and proposed some advices for its healthy development in China.

目　录

第一部分　引言

第二部分   资产证券化的国际经验

第三部分   资产证券化的中国实践

第五部分 结论和政策建议

第一部分
引言

第一章

资产证券化是什么

　　资产证券化（Asset Securitization）是过去四十多年全球最重要的金融创新之一，它显著改变了传统信用中介体系，对金融市场发展产生了重大影响。美国次贷危机爆发改变了人们对资产证券化的认识。对资产证券化进行深入分析，有利于中国健康有序地推进资产证券化实践，构建多层次的信用中介渠道，促进金融市场繁荣发展。本章将详细阐述资产证券化及相关核心概念，论述资产证券化在金融体系中的作用，并交代本书的研究背景。

一 资产证券化的基本概念 ①

（一）资产证券化的定义及核心概念

资产证券化 ② 是指将流动性较差的贷款及其他债权类资产出售给特殊目的载体（Special Purpose Vehicle, SPV），经过打包和分层等措施，使得该组资产在可预见的未来产生相对稳定的现金流，并在此基础上通过信用增级提高其信用评级，最终在资本市场上进行出售的过程。比较典型的资产证券化产品包括住房抵押贷款支持证券（Mortgage-Backed Securities, MBS）、担保债务凭证（Collateral Debt Obligations, CDO）、狭义的资产支持证券（Asset-Backed Securities, ABS）和资产支持商业票据（Asset-Backed Commercial Papers, ABCP）等。

资产证券化的关键在于基础资产池产生的现金流能够用于支持比借款人或发起人信用等级更高的一个或多个证券（法博齐和科塞瑞，2014）。资产证券化的这一关键特征与其核心技术分不开，包括 SPV、真实出售、破产隔离和信用增级。

1. SPV

SPV 是资产支持证券的发行主体。SPV 可以采用公司、信托和合伙

---

① 广义的证券化可以分为"传统证券化"和"资产证券化"两大类。"传统证券化"是指国家或企业以本身的信用发行证券，从资本市场募集资金，人们所熟悉的股票、国债、公司债、可转债等都属于传统证券化产品，本书将探讨的是狭义资产证券化。

② 资产证券化这一术语最早是由美国投资银行家刘易斯·兰尼艾瑞（Lewis S. Ranieri）在1997年接受《华尔街日报》记者采访时提出来的（古川令治和张明，2006）。

等组织形式。在实践中，SPV 一般视一国税收或法律限制情况而定，但以信托的形式居多。它可以由发起人注册成立并控制，也可以由非发起人注册成立。在典型的资产证券化中，SPV 并不是一个真正的经营实体，它既没有员工，也没有实际的办公地点，而是一个根据事先制定好的规则和协议运营的"机器人企业"（Robot Firm），实施被动的资金管理。这种 SPV 的活动仅限于购买并持有基础资产、发行资产支持证券、回收基础资产产生的现金流、向投资者支付票据本息等，它并不会实施积极的资产负债管理。

资产证券化中常见的 SPV 包括授予人信托、所有人信托、循环信托、主信托、房地产抵押贷款投资管道和金融资产证券化投资信托等。

授予人信托（Grantor Trust）是最简单的信托类型，因为其只负责将基础资产池产生的本金和利息简单地转付给投资者。所有人信托（Owner Trust）则允许构造具有不同到期期限的多种类型的资产支持证券。循环信托（Revolving Trust）的基础资产池是开放的，主要用于信用卡应收款和房屋净值贷款证券化。循环信托被划分为周转期和本金偿还期两个阶段：在周转期，投资者仅获得利息支付，信用卡持有人在周转期内偿还的本金会被用于购买额外的应收账款；在偿还期，本金则按事先约定好的时间分期偿付或是一次付清。主信托（Master Trust）允许发行人用一个担保池来担保多重交易，是循环信托的一个子类型，是信用卡应收款证券化的优先使用工具。房地产抵押贷款投资管道（Real Estate Mortgage Investment Conduits, REMIC）主要用于住房抵押贷款相关的资产证券化，REMIC 是美国《1986 年税收改革法案》引入的一种新型税收载体，它取消了信托层面的课税，在美国住房抵押贷款证券化发展过程中发挥了关键的作用。金融资产证券化投资信托（Financial Asset Securitization Investment Trust, FASIT）创建于 1996 年，是应信用卡发起人要求享受与 REMIC 类似的税收减免而创造的。

2. 真实出售

真实出售（True Sale）主要是对发起人而言，即发起人应真正地把证券化资产的收益和风险转让给 SPV，证券化资产从发起人的资产负债表中转出，资产支持证券的投资者只对基础资产具有追索权，对发起人其余资产没有追索权。真实出售要求 SPV 必须具有法律上和财务上的独立性。然而，在全球范围内的资产证券化实践中，大部分交易并未采用完全真实出售的形式，而是采用部分转让的形式，而且 2007 年至 2009 年全球金融危机还暴露出资产证券化过程中普遍存在的隐性担保问题。无论是部分转让还是隐性担保都使得真实出售大打折扣。

3. 破产隔离

破产隔离（Bankruptcy Remoteness）主要针对 SPV 和投资者而言，包括两层含义。其一，SPV 的经营范围仅限于从事与证券化交易有关的活动。在资产支持证券尚未清偿完毕时，SPV 不得被清算、解体和兼并重组。其二，资产原始所有人通过资产证券化将基础资产真实出售给 SPV，即使发起人出现破产清算，发起人的债权人对已出售的资产也没有追索权。破产隔离将资产支持证券的风险与发起人的风险有效隔离开来。

4. 信用增级

信用增级是指 SPV 在取得证券化基础资产后采取措施提高拟发行资产支持证券的信用评级的过程。每一个债券类别的信用增级水平由其目标评级所决定，越高的目标评级需要越高的信用增级水平。信用增级可以分为三类：由发起人提供的信用增级、结构化信用增级和第三方提供的信用增级。前两类信用增级方式又被称作内部信用增级，第三种信用增级方式又被称作外部信用增级。

（1）由发起人提供的信用增级

由发起人提供的信用增级是指资产池中的部分风险由发起人承担的信用增级方式，包括超额利差、现金担保、信用增进型的仅有利息债券、超额担保。

超额利差（Interest Spread）等于资产池的利息减去交易费、服务费和融资成本。假设资产池的加权平均利率为8%，发行人的服务费为1%，加权平均融资成本为5%，那么超额利差则为2%，超额利差可用于弥补资产支持证券存续期间发生的损失。超额利差是最自然的，也是发起人负担最小的信用增级方式，但是超额利差的支持来源有一定的不确定性。证券化产品到期时，最后剩余的超额利差一般由发起人获得。

用来弥补损失的现金担保有三种创建方式。一是由发起人在交易发起时创建一个现金担保账户，该账户中的现金在损失超过其他信用增级方式提供的数额时将被提取出来用于支付，在交易结束时，将现金担保账户中的余额返还给发起人。二是发起人向SPV提供一个次级贷款。三是超额利差的留存。现金担保是最好的信用增级方式，但是留存现金的回报率极低。

信用增进型的仅有利息债券（Interest-Only）是指没有本金，只有名义上的利息支付，且利息要求权利是次级的，是为了保护损失被延期支付或者被放弃支付的证券。信用增进型的仅有利息债券与超额利差相似，但是可以被发起人出售给第三方。

超额担保（Over Collateralization）是指发起人转移的基础资产价值超过了SPV发行的资产支持证券的价值。超额担保属于资产实物形式的担保，从发起人的角度来看，超额担保部分是作为资产的权益，而非法定转移，因此，从会计的角度看，超额担保是作为保证金，而非所有权转移。

（2）结构化信用增级

结构化信用增级是指信用风险在组成结构的债券类别间重新分配的增级方式。最常见的方式是把债券划分为优先级（Senior）、中间级（Mezzanine）和股权级（Equity），较低评级类型的投资者获得本金和利息的权利从属于优先级类型的投资者的权利。通过分层设计让一个债券类别为另一个债券类别提供信用增级，很容易使最高级别的债券获得 AAA 评级。

（3）第三方提供的信用增级

第三方提供的信用增级是指由发起人和 SPV 以外的其他机构所提供的某种形式的担保，包括由单一业务保险公司提供的金融担保、信用证和关联方担保（例如，政府担保）。

金融担保是对债券投资人依照约定按时收到本金和利息还款的情况提供担保。2008 年全球金融危机前，美国主要的单一业务保险公司有 Ambac Assurance Corporation、Financial Guaranty Insurance Company、Financial Security Assurance 等。

信用证信用增级是通过银行以信用证方式为资产池质量提供担保来实现的。信用证的使用在下降，因为这通常需要由最高评级的银行来提供，但是符合该要求的银行数量已经减少，而且，由于风险资本监管的要求，银行发行信用证的经济收益在减少。

关联方担保是指不管担保品的表现怎样，相关方都能够保证按时和足额支付交易的利息和本金。例如，房地美和房利美就对其发行的 MBS 提供足额的信用担保。

经过信用增级后，证券化产品的加权平均评级通常远远高出基础资产的加权评级，而且相当大一部分债券都能拿到 AAA 以上的评级，因此，Benmelech 和 Dlugosz（2009）将这个过程称为"炼金术"（Alchemy），在其分析样本中，85% 的 CLO 资产池的加权平均信用评级为 B，8% 为 BB，但有 70.7% 的 CLO 拥有 AAA 评级。

（二）资产证券化的一般流程

典型的资产证券化过程大致包括七个步骤，如下所示。

第一步，设立 SPV 作为资产支持证券的发行机构。

第二步，发起人确定待证券化的基础资产，并将其出售给 SPV 组建资产池，这些资产通常都是相似类型的，例如，住房抵押贷款、信用卡应收款或企业贷款等。

第三步，由发起人或第三方机构对 SPV 的资产池进行信用增级。

第四步，由信用评级机构对 SPV 拟发行的证券进行信用评级。

第五步，以资产池为基础，发行资产支持证券，委托证券承销商发行。其中，股权级债券（Equity Tranche）主要由发起人持有。

第六步，SPV 向发起人支付出售资产支持证券获得的收入。

第七步，由发起人作为基础资产服务商，将资产池产生的现金流支付给 SPV，由 SPV 向证券投资者支付收益。

图 1-1 显示了美国住房抵押贷款证券化的一般流程。首先，由商业银行发行住房抵押贷款。一方面，商业银行可以将符合要求的住房抵押贷款直接出售给"两房"这样的政府支持机构（Government Sponsored Enterprises，GSE），再由"两房"设立 SPV 发行 MBS，"两房"以其拥有的准政府信用为 MBS 的本息提供担保；另一方面，商业银行可以将其余的住房抵押贷款（主要是次优级住房抵押贷款和次级住房抵押贷款）出售给由金融机构成立的 SPV，由这些 SPV 负责 MBS 的发行。前者属于公共部门主导的证券化（Public Securitization），后者属于私人部门主导的证券化（Private Securitization）。

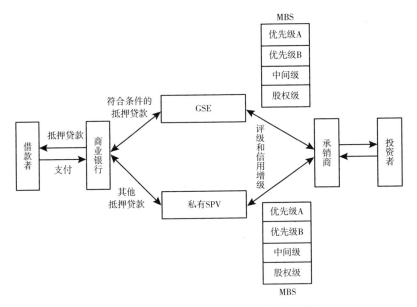

图1-1　美国住房抵押贷款证券化的一般流程

资料来源：笔者自行绘制。

二　资产证券化在金融体系中的作用

资产证券化是过去四十多年全球金融市场最重要的金融创新之一，资产证券化通过将不太受投资者青睐的原始金融资产转变成符合不同种类投资者偏好的证券化产品，在金融体系中发挥了至关重要的作用。资产证券化是美国影子银行体系① （Shadow Banking）的核心，因此，影子银行又被称作证

---

① 影子银行最早是由美国著名债券投资机构 PIMCO 的执行董事 McCulley 2007 年在杰克逊霍尔召开的堪萨斯城联储经济研讨会上提出的，McCulley 将影子银行定义为 "一整套被杠杆化的非银行投资管道、载体与结构"，并特别指出，与通过存款（享受存款保险）进行融资的、受到美联储贴现窗口支持的传统商业银行不同，影子银行主要通过未经保险的商业票据进行融资，因此其应对挤兑的能力特别脆弱。金融稳定委员会（Financial Stability Board，FSB）将影子银行定义为常规银行体系之外的具有信用中介职能的实体和活动，更进一步地讲，这些活动由于具有期限转换、流动性转换、信用转换和高杠杆等特征，易产生系统性风险，这些实体没有受到传统银行那样的审慎监管。

券化的银行（Securitized Banking）（Gorton and Metrick, 2012b）。诸多机构在定义影子银行体系时也都提到了资产证券化。例如，美联储认为影子银行系统是一个中介体系，这个体系通过资产证券化和抵押中介将资金从储蓄者引导至投资者手中，但是这些业务没有受到政府直接的流动性和信用增强支持。IMF 认为影子银行的主要形式为资产证券化和抵押中介。德勤会计师事务所认为影子银行是一个通过资产证券化和证券融资机制从事期限和流动性转换的市场融资型信用中介体系（阎庆民和李建华，2014）。

在传统的金融模式中，商业银行吸收存款并发放贷款，承担了信用中介过程中几乎所有的功能（见图 1–2）。资产证券化改变了传统的金融中介模式，将融资链条拉长，让不同的金融机构承担信用中介过程中的期限转换、流动性转换和信用转换等功能（见图 1–3）。Pozsar 等（2010）指出，影子银行信用中介模式一般包括七个步骤：发起贷款、构建资产池、发行 ABS、构建 ABS 资产池、发行 ABS CDOs、ABS 中介化和批发性融资。基础资产的质量越差，信用中介的链条就越长。他们根据证券化参与主体的性质和关系，将影子银行体系划分为三个亚类：①由政府支持机构主导的影子银行体系；②由银行控股集团主导的内部影子银行体系；③由独立的投资银行、专属金融公司、有限目的金融公司或资产管理人参与的外部影子银行体系。

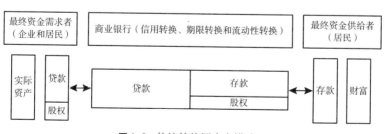

图1-2 传统的信用中介模式

资料来源：笔者自行绘制。

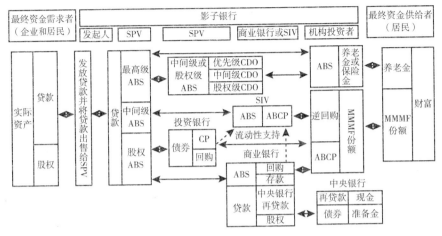

图1-3　证券化信用中介模式

资料来源：笔者自行绘制。

总体来讲，资产证券化在以下两个方面发挥着重要的作用。

第一，资产证券化改变了商业银行的运营模式，拓宽了商业银行的融资来源。在传统金融模式下，商业银行发起并持有贷款至到期（Originate and Held-to-maturity），贷款受自有资本和存款来源的限制。而通过资产证券化，商业银行可以将信贷资产打包分割成标准化的债券资产，在资本市场出售获得融资，从而突破资本和存款来源限制，这就是所谓的"发起并分销模式"（Originate-and-distribute）。更重要的是，通过资产证券化，商业银行可以实施主动的资产负债管理。

第二，资产证券化创造出的大量高评级资产，既满足了投资者对安全资产的需求，也满足了金融交易中的担保品需求。资产证券化通过打包和分层，将基础资产的风险集中在少数股权级债券当中，大大降低了其余债券的违约风险和提前偿付风险，提高了收益的稳定性。资产支持证券这一特性满足了养老基金和保险公司等负债期限较长的机构投资者对长期安全资产的需求。与此同时，资产支持证券还被广泛用作回购协议的担保品，以及资产支持商业票据（ABCP）管道的资产，因此，资产支持证券也间接满足了货币市场共同基金（Monetary Market Mutual Fund, MMMF）等机构投资者对短期安全资产的需求。另外，资产支持证券还可以被商业银行用作抵押品向中央银行申请流动性支持。

综上所述，对商业银行而言，资产证券化有助于拓宽商业银行融资来源，降低风险资产比重，提高资产周转率；对投资者而言，资产证券化提供了更多的安全资产以供投资或用作抵押品；对金融市场而言，资产证券化丰富了金融产品的类型并提高了整个市场的流动性。因此，资产证券化被视为最近几十年以来全球金融市场最重要的金融创新之一，在美国金融体系和经济生活中发挥着关键的作用。

三　问题的提出

资产证券化起源于 20 世纪 70 年代初，90 年代起加速发展，在美国次贷危机爆发之前的几年里经历了突飞猛进式的发展。次贷危机爆发前，美国资产支持证券的规模已相继超越公司债、市政债和国债，一举成为美国债券市场上规模最大的债券种类。但是 2007 年至 2009 年全球金融危机的爆发导致资产证券化发展受到重创，规模显著萎缩。以证券化为核心的影子银行体系被视为次贷危机爆发并大规模传染的主要原因。次贷危机爆发前夕，商业银行以极其优惠的条件向很多低评级客户发放了大量住房抵押贷款，即所谓的次级贷款。之后，商业银行便通过证券化和重复证券化将大量次级抵押贷款包装成 MBS 和 MBS CDO[2]，并出售给投资者。随着美联储提高利率以及大量的次级抵押贷款进入本息偿还期，次级抵押贷款的违约率大幅上升。以次级抵押贷款为基础资产的证券化产品出现严重亏损，金融市场对资产支持证券的信心大幅降低，大量 ABCP 管道难以获得再融资，回购协议中资产支持证券的折扣率（Haircut Ratio）也大幅上升，金融机构不得不抛售资产，这导致资产价格进一步下跌，危机不断蔓延。

中国的资产证券化起步于 2005 年，当时国开行与建行等陆续发行了最初的 ABS 与 MBS。美国次贷危机的爆发使得中国的资产证券化实践陷入停顿。直到 2012 年 5 月，中国人民银行才宣布重新启动资产证券化。2013 年 8 月，李克强总理在国务院常务会议上表示要进一步扩大信贷资产证券化试点。此后中国资产证券化的发展速度明显加快，2014 年，中国资产支持证券的发行量达到 3247 亿元，超过 2005 年至 2013 年的总和，发行频率显著加快，发行主体也更加多元化。2014 年 11 月，证监会正式发布《证券公司及基金管理公司子公司资产证券化业务管理规定》及其配套规则，取消对券商专项资产证券化的事前行政审批，实行基金业协会事后备案和基础资产负面清单管理。随后，银监会发布《中国银监会关于中信银行等 27 家银行开办信贷资产证券化业务资格的批复》，标志着中国信贷资产证券化备案制实质性启动。2015 年 4 月，中国人民银行宣布信贷资产证券化实行注册制，这意味着信贷资产支持证券化将从央行和银监会的"逐笔双审批制"改为"银监会备案"和"央行注册"的审核架构。对资产证券化业务进行简政放权必将显著促进中国资产证券化业务的快速发展。

资产证券化业务的"一停一启"一方面反映出中国监管当局对资产证券化及其相关效应的认识尚待加深；另一方面反映出在中国经济增速放缓和利率市场化背景下，商业银行亟须利用资产证券化实现经营转型、化解金融风险的现实需求。因此，对资产证券化及其相关效应进行深入研究具有很强的现实意义，尤其是资产证券化对商业银行经营管理的影响。

关于资产证券化核心功能的几个重要问题是：资产证券化能否增强商业银行的盈利能力？资产证券化是否降低了商业银行的稳定性？如果是，那么具体的影响机制是什么？2008 年全球金融危机前后，是否发生了明显的变化？回答清楚这几个问题不仅有助于我们更好地理解资产证券化，也有助于中国资产证券化的监管者与参与者深化相关认识，进而达到趋利避害的目的。因此，本书将在梳理资产证券化相关文献以及主要经济体资产证券化实践的基础上，重点探讨资产证券化对商业银行盈利水平和稳定性水平的影响，并利用美国商业银行 2001 年第二季度至 2012 年第一季度的财务数据和证券化数据进行实证研究。同时，虽然中国资产证券化的数据尚不完整，但以理财产品为核心的中国式影子银行体系已经具备了资产证券化过程的某些特征，因此，本书还将利用 2009 年第一季度至 2014 年第三季度中国商业银行的财务数据以及理财产品发行数据分析理财产品对商业银行盈利能力和稳定性的影响，并与美国资产证券化的实证结果进行比较。最后，提出推进中国资产证券化健康发展的政策建议。

第二章

文献综述及理论分析

　　本章将分别综述与资产证券化相关的理论文献和实证文献。其中，理论部分主要从供给和需求两个层面来梳理和比较与资产证券化兴起有关的假说，并在这些假说的基础上分析资产证券化影响金融稳定的特定机制；实证部分主要从四个方面来对现有实证文献进行总结，即资产证券化的决定因素、资产证券化对金融中介的影响、资产证券化过程中的激励扭曲以及其他实证分析。

一　资产证券化的供给与需求：
理论述评

　　与资产证券化起源和兴起相关的理论假说主要

有四个：信息不对称假说、监管套利假说、风险重置假说和便利收益假说。
这四种理论假说分别从资产证券化的供给和需求层面提供了解释。其中，信
息不对称假说与监管套利假说从供给层面分析了资产证券化的兴起，而风险
重置假说和便利收益假说则从需求层面分析了资产证券化的兴起。

（一）资产证券化的兴起：供给层面的解释

1. 信息不对称假说

信息不对称假说强调资产证券化可以降低交易双方的信息不对称，从而
提高信贷资产的流动性并帮助发起人在资本市场上筹集资金。根据阿克罗夫
（Akerloff，1970）的柠檬市场理论，当交易双方存在信息不对称时，很可能
会出现逆向选择，最终导致特定商品的交易市场萎缩。传统金融中介理论认
为，银行在信用评估和贷款监督执行等方面具有优势，要使得银行在上述方
面采取有效行动，银行必须持有贷款至到期，或是保留与贷款相关的风险。[①]

（1）通过打包和分层等步骤构造信息不敏感资产有助于提高资产
的流动性

与贷款销售不同，资产证券化将分散的基础资产打包（Pooling）与分
层（Tranching），这样可以消除单个资产的异质性风险（Idiosyncratic Risk），
从而降低证券价值的信息敏感度以及信息优势方拥有的信息价值，最终提高
相关资产的流动性。Myers 和 Majluf（1984）认为，分层设计将违约风险集
中在资产的某一部分，其余部分资产的风险显著降低，这有助于降低投资者
的柠檬贴现率（Lemons Discount）。Gorton 和 Pennacchi（1990）指出，将

---

① Gorton 和 Pennacchi（1990）指出，从理论上而言，银行贷款是不能在金融市场上出售的。其通过建立与
　贷款销售有关的激励相容模型，指出如果发起人保留部分贷款或是向贷款购买者提供隐性担保，则贷款销
　售市场可以存在。

基础资产产生的现金流进行拆分，并发行以这些现金流为支持的证券，可以减少信息不对称造成的交易损失，因为上述证券的价值并不依赖于信息优势方拥有的信息。DeMarzo（2005）宣称，组建资产池具有"信息毁灭效应"（Information Destruction Effect）和"风险分散效应"（Risk Diversification Effect）。如果基础资产剩余风险的相关性较低，那么分层可以帮助发起人充分利用打包的风险分散效应，创造出低风险、高流动性的证券。DeMarzo 和 Duffie（1999）的研究显示，发起人拥有的私人信息将会降低证券的流动性，换句话说，证券的流动性取决于证券价值对发行人拥有的私人信息的敏感度。

根据信息不对称假说，资产证券化实际上是一个创造信息不敏感（Information Insensitive）资产的过程。资产证券化通过将流动性较差的、信息敏感（Information Sensitive）的信贷资产变成高流动性的、信息不敏感的债券资产，将信贷市场、资本市场和货币市场联系了起来，从而提高了信贷市场的流动性、拓宽了金融中介的融资来源。

我们可以通过一个简单的例子来说明这一点。假设存在三件相同且相互独立的信贷资产，不违约时的收益为 1，违约时的收益为 0，单件资产的违约率为 $p=0.1$。

在情景 I 中，我们以上述三件信贷资产构建资产池，并进行分级发行债券。其中，优先级债券只要有一件基础资产不违约，收益就为 1，那么优先级债券发生损失的概率为 $p^3=0.001$；中间级债券只要有两件基础资产不违约，收益就为 1，那么中间级债券发生损失的概率为 $3p^2(1-p)=0.027$；股权级债券只要有一件基础资产违约，收益就为 0，那么股权级债券发生损失的概率为 $1-(1-p)^3=0.271$。不难看出，优先级和中间级债券的违约风险都显著低于单件资产的违约率，特别是优先级债券。

在情景 II 中，我们再用情景 I 中产生的三件股权级债券作为基础资产，构建一个新的资产池，进行分级，且收益分摊规则与情景 I 相似。那么优先级债券发生损失的概率为 0.02，中间级债券发生损失的概率为 0.161，股权级债券发生损失的概率为 0.61。不难看出，即使以风险程度较高的股权级债券作为基础资产来进行证券化，所构造出来的优先级债券的违约风险依然显著低于单件资产的违约率。

（2）外部冲击可能将信息不敏感资产变成信息敏感资产，从而引发危机

次贷危机爆发后，很多研究开始剖析证券化产品作为信息不敏感资产存在的一大缺陷，即在面临显著不利冲击时，资产支持证券可能从信息不敏感资产转变为信息敏感资产，从而导致投资者和金融机构对资产支持证券的需求短期内显著下降。

Gorton 和 Ordonez（2012）指出，在担保融资的过程中，如果投资者不愿花费成本获取与担保品相关的信息，那么短期担保债务是有效的。当经济运行依赖于这些信息不敏感债务时，信息并不会随着时间的推移得到更新，这意味着担保品质量较差的企业也能获得融资，从而造成信贷供给膨胀。在信贷扩张期间，产出和消费都会增加，但同时金融体系的脆弱性也会上升。在这种环境下，一个很小的冲击就可能导致信息环境的显著改变，一旦投资者愿意花费成本掌握担保品的信息，那么其将不愿意进行再融资，进而造成产出和消费下降。Gorton 和 Ordonez（2013）进一步指出，经济体需要以安全资产作为担保品进行融资，而私人提供的担保品质量各不相同。如果投资者不愿意花费成本去获取与担保品质量相关的信息，那么低质量的担保品也可以用于担保融资，从而增加产出和消费。一旦投资者掌握了与私人提供的担保品有关的信息，这无疑将引发危机。

Dang 等（2012）的研究表明，货币市场运行的关键特征之一就是投资者既没有必要也没有激励去获取与证券价值有关的私人信息，因为保持流动

性供给过程中的对称性无知（Symmetric Ignorance）有利于增加福利。然而，与基础资产有关的不利的公共信息可能造成信息不敏感债券转变成信息敏感债券，进而导致债券的期望价值下降。为了防止内生的逆向选择，投资者将降低债券的预期收益，从而导致债券的交易量下降，这将导致冲击被放大，甚至引发金融危机。

Hanson 和 Sunderam（2013）构建了一个与逆向选择相关的跨期模型来分析证券化市场的崩溃。在经济繁荣时期，发起人通过资产证券化发行了太多的信息不敏感证券，降低了投资者获得信息的激励，导致经济体中知情者稀缺。上述情形将在经济不景气时导致资产证券化的一级市场崩溃。他们认为，知情者的资金来源比不知情者的资金来源更稳定。因此，应当在经济繁荣时期限制金融机构发行过多的安全债券，并对证券化相关机构的资本结构进行更严格的监管。

2. 监管套利（Regulatory Arbitrage）假说

监管套利假说强调商业银行进行资产证券化的目的是规避商业银行面临的资本充足率监管，而不是为了转移风险。该假说认为，通过将信贷资产出售给特殊目的机构（SPV）并以此来构造高评级证券，资产证券化可以帮助商业银行规避最低资本监管。

（1）资产证券化能够帮助商业银行进行监管套利

让我们以图2-1中的案例为例。假定贷款的风险权重为100%，证券的风险权重为20%，现金的风险权重为0，商业银行的法定资本充足率为8%。证券化之前，商业银行的最低资本要求为 $CR=0.08（L+0.2S）$；证券化之后，商业银行的最低资本要求为 $CR_S=0.08[（L-L^0）+0.2S]$。这意味着商业银行可以节约多达 $0.08L^0$ 的资本。通过将风险权重较高的信贷资产转换成AAA评级的资产支持证券，再在金融市场上买入，这种操作可以显著降低商业

商业银行		SPV	
资产	负债和权益	资产	负债
现金（$C+L^0$） 证券（S） 贷款（$L-L^0$）	存款（D） 权益（E）	贷款（L^0）	资产支持 证券（ABS）

图 2-1 商业银行和 SPV 各自的资产负债表

银行的风险加权资产。[①] 因此，这种监管套利又被称为评级套利（Rating Arbitrage）。

Greenbaum 和 Thakor（1987）指出，证券化可以帮助商业银行将金融资产转移至资产负债表表外，从而降低存款保险费和法定资本要求。他们进而认为，低质量的贷款应该留在表内通过存款融资，而高质量的贷款应该被证券化。Acharya 和 Schnabl（2010）区分了资产支持商业票据（Asset Backed Commercial Paper，ABCP）发行过程中的信用担保（Credit Guarantee）和流动性担保（Liquidity Guarantee）。流动性担保的资本要求低于信用担保，因此前者成为 ABCP 发行中最主流的信用增级方式。商业银行通过这种做法既规避了资本监管要求，又保留了相关风险。Acharya 等（2013）进一步利用美国 ABCP 管道的相关数据进行实证检验后发现，资本充裕程度越低的商业银行，其发起的 ABCP 管道就越多。

Benmelech 和 Dlugosz（2009）将结构性融资产品的评级称作炼金术，并指出 CLO 的平均评级显著高于基础资产的加权信用质量。在其分析样本中，85% 的 CLO 资产池的加权平均信用评级为 B，8% 为 BB，但有 70.7% 的 CLO 拥有 AAA 评级。Ordonez（2013）指出，针对商业银行的各种监管将限制其投资，而通过影子银行体系融资，商业银行的投资抉择不会受到限

---

① 风险权重一般由资产的种类和风险程度决定。例如，政府债券的风险权重是 0；机构支持债券具有政府的隐性担保，风险权重为 20%；AAA 级和 AA 级的资产支持证券的风险权重为 20%，A 级的风险权重为 50%。

制。鉴于声誉可以增加银行的价值，如果银行在意其声誉，它们就能做到自律并进行有效的投资。在这种情况下，影子银行体系的存在与发展很可能会增进社会福利。

（2）隐性担保破坏了资产证券化的风险转移功能，导致发起人风险缓冲不足

Gorton 和 Souleles（2005）利用委托代理模型分析了资产证券化过程中的隐性担保问题。他们指出，隐性担保是投资者和发起人之间重复博弈的结果。发起人之所以选择隐性担保，是因为隐性担保可以被用来应对相应的会计和监管要求。Stein（2010）指出，监管套利和隐性担保违背了资产证券化的风险转移功能，因为与基础资产有关的风险仍然与发起人有关。在承担的实际风险没有显著改变的情况下，法定资本降低将导致发起人的风险缓冲不足。Calomiris 和 Mason（2003）也认为，资产证券化虽然能够帮助商业银行将相应资产转移至表外，但是隐性追索权的存在使得基础资产的风险仍然停留在作为发起人的商业银行内部。

让我们再次来看图 2-1 中的案例。将发起人和 SPV 的资产负债表进行合并后可知（见图 2-2），商业银行的实际风险加权资产为 $RWA=L+0.2S$，需要的风险缓冲应为 $0.08(L+0.2S)>CR_S$。Acharya 等（2013）的实证结果显示，发起 ABCP 管道越多的银行，在金融危机期间的表现就越糟糕。Elul 等（2011）的实证研究则表明，持有私人高评级证券化产品越多的银行，在金融危机期间的表现就越糟糕。

合并报表

资产	负债和权益
现金（$C+L^0$） 证券（S） 贷款（L）	存款（D） ABS 权益（E）

图 2-2 商业银行和 SPV 合并后的资产负债表

（二）资产证券化的兴起：需求层面的解释

1. 风险重置假说

（1）资产证券化可以满足投资者对安全资产的需求

风险重置假说强调投资者是风险规避型的（Risk-averse），而相比之下金融中介是风险中立型的（Risk-neutral）。该假说认为，资产证券化是为了满足投资者对安全资产的需求，因此，资产证券化有利于风险在投资者和金融中介之间进行更好的分配，从而增加社会福利。Gennaioli 等（2011）认为，投资者是绝对风险规避型的，他们只对无风险资产感兴趣。金融机构可以将风险资产进行证券化，并以此作为抵押品向投资者发行固定收益负债，以满足投资者对安全资产的需求。当投资者的财富水平较低时，现存的安全资产以及金融中介的初始资本就能满足投资者的相关需求。随着投资者财富水平提高，超过某一临界值时，金融机构就会通过证券化来满足投资者对安全资产的需求。随着投资者财富的进一步增长，证券化程度将持续增加，金融市场利率也将随之下降，全社会杠杆率随之上升，从而更多的风险资产也将获得融资。在理性预期下，资产证券化有助于风险转移，从而能够促进投资并提高社会福利。

（2）忽略尾部风险将损害金融稳定

然而，物极必反。Shin（2009）分析了资产证券化和金融稳定的关系。他指出，证券化扩大了金融机构的外部融资来源，在单个金融机构杠杆率不变的情况下，金融部门从外部获得的融资越多，金融部门的杠杆率也会越高。如果金融机构在扩张资产的过程中降低了信贷标准，那么证券化本身非但不能增加，反而会损害金融系统的稳定性。Coval 等（2009）从结构性融资产品的构造及评级等角度分析了结构性融资产品固有的不稳定性。他们指出，分层使得很多结构性资产的安全性高于资产池的平均安全性，这意味着证券化（特别是重复证券化）可以最大化安全资产的供给。但是，证券化放大了风险评估参数一旦失误可能造成的影响，提高了证券化产品价格对评级结果的敏感度。换句话说，结构性融资产品用系统性风险代替了个体性风险，使得优先级结构性融资产品的违约风险集中在系统性冲击层面。Gennaioli 等（2011）进一步指出，如果投资者和金融中介忽略尾部风险，向无风险债务提供过高的收益率，将不利于金融稳定。一旦尾部风险爆发，金融市场将面临崩溃的危险。资产证券化的程度越高，金融市场出现崩溃的概率与破坏性就越大。刘吕科、王高望（2014）通过构建一个三期模型，刻画了银行证券化资产出售与非同质投资者和金融稳定性的关系。研究显示，资产证券化在一定程度上降低了系统性风险发生的概率，但在投资者非同质的情况下，当发生较大的负面冲击时，次级投资者将首先陷入金融混乱，进而带来整个金融体系的不稳定。因此，他们提出政策制定者应根据不同投资者的资产利用能力，设置不同的投资门槛，促进金融稳定。

2. 便利收益（Convenience Yields）假说

（1）资产证券化可以满足金融交易对担保品的需求

资产证券化能够将流动性差的信贷资产转化成高流动性的、高评级的标准化资产。由于这些标准化的资产支持证券不易受异质性风险的影响，证券价值比较稳定，所以被广泛运用于担保融资和衍生品交易中。例如，回购协议和 ABCP 管道通常会大规模地使用资产支持证券。Gorton 和 Metrick（2012b）将其称作资产支持证券的便利收益。便利收益假说与风险重置假说都是讨论金融体系对安全性资产的需求，但前者更加强调证券化产品在担保品交易中的作用。

Pozsar 和 Singh（2011）认为，影子银行体系是担保品密集型的，养老基金、保险公司等资产管理机构除了进行长期投资外，对短期投资也有巨大的需求，而由私人担保的批发性融资工具（例如，回购协议和 ABCP）就成为其主要选择。Pozsar（2011）指出，伴随着全球化和资产管理的兴起，机构资金池的规模大幅扩大。机构资金池的投资以安全性和流动性资产为主，但存款保险的额度有限，不能满足机构资金池对安全性和流动性资产的需求，因此，资产管理者倾向于投资存款替代品。短期政府担保债券是最好的存款替代品，但短期政府担保债券的供给依然与机构资金池的需求之间存在巨大缺口。正是在这一背景下，影子银行通过信用转换、流动性转换和期限转换等操作创造出一种新的、短期的、私人担保的存款替代品来成功地填补了这一缺口。他们进一步指出，回购交易可以将中长期国债和机构债转换成安全的、短期的、高流动性的资产，但是，外国中央银行大量购买并持有中长期美国国债和机构债这一现实，使得回购交易中的担保品变得更加稀缺，因此，资产支持证券等结构性融资产品逐渐发展成为主要的抵押融资担保品。Gorton 和 Metrick（2012a）的研究表明，对担保品的需求来源于以下三个方面：衍生品交易、清算和结算以及回购交易。这三种交易对担保品的需求不断扩大，但是国债和机构债等传统担保品的供给已经远远不能满足金融市场对安全资产的需求，从而造成资产支持证券的吸引力显著上升。Claessens 等（2012）认为，资产证券化既满足了企业和资产管理公司对安全的、短期的、高流动性的准货币资产的投资需求，也满足了银行和投资银行等金融机构的担保品需求。

（2）期限错配、重复抵押和顺周期性不利于金融稳定

以回购和 ABCP 为主的批发融资工具存在显著的期限错配，一旦融资来源枯竭，金融机构将不得不抛售资产，导致资产价格下跌，从而引发去杠杆化的恶性循环。

Gorton 和 Metrick（2009）指出，在金融危机期间，回购交易中抵押品的折扣率（Haircut Ratio）大幅上升，有些资产甚至失去了抵押品的资格。

其中，资产支持证券的折扣率变化尤为明显。抵押品的折扣率与金融机构的杠杆率负相关。例如，当折扣率为2%时，金融机构的杠杆率最高可达50倍，而当折扣率上升为20%时，金融机构的最高杠杆率将下降至5倍，这将迫使金融机构抛售资产，进而导致金融危机加剧并进一步蔓延。Singh 和 Aitken（2010）分析了影子银行体系中的重复抵押问题。他们指出，重复抵押使得负面冲击的影响具有乘数效应。Gorton 和 Metrick（2012a）利用数百个资产支持证券的信用利差，追踪了金融危机从次级抵押贷款市场向其他与次级抵押贷款没有直接关系的资产市场的蔓延过程。

Covitz 等（2009）、Anderson 和 Gascon（2009）在分析2007年上半年的 ABCP 市场危机时指出，由于受到不利冲击的影响，投资者不愿意再为新发行的 ABCP 融资，这将导致商业银行不得不履行其担保义务，向投资者支付商业票据的本息。而 ABCP 市场的融资枯竭正是导致次贷危机爆发的直接原因之一。

Shleifer 和 Vishny（2010）通过引入一个与证券化有关的金融中介模型，分析了证券化如何导致信贷和投资的顺周期性以及金融部门的高杠杆。他们认为，银行业的不稳定性既不是因为非理性预期，也不是因为"羊群效应"，而是银行业利用证券化赚取利润所致。证券化虽提高了社会的投资水平，增加了投资和利润的顺周期性，但降低了金融机构的信贷质量。在经济繁荣时期，银行将充分利用其信贷扩张能力进行投资，而在经济萧条时期，银行会转为收缩贷款。尤其是当资产价格下跌时，为了满足杠杆率要求，银行不得不清算资产。这意味着证券化将成为银行业不稳定的新来源。

（三）资产证券化的兴起与安全资产

其实，资产证券化起源和兴起的四种相关理论均与安全资产有关。信息不对称假说和监管套利假说侧重于安全资产的供给，而风险重置假说和便利收益假说侧重于安全资产的需求。

IMF（2012）指出，从理论上来讲，安全资产是指在任何情况下投资收益都相同的资产，它能让投资者免受信用风险、市场风险、通胀风险、货币风险和异质性风险的影响，从而具有很高的流动性。但是在现实世界里，安全资产是相对的。安全资产是现代金融体系的基石，是可靠的价值储藏工具，是诸多金融交易的担保品，不但能够满足审慎监管要求，而且是其他金融产品的定价基准。Gorton 等（2012）、Gorton 和 Ordonez（2013）将安全资产定义为安全的、信息不敏感的、由政府（公共部门）或金融机构（私人部门）发行的债务，包括国债、联邦机构债、市政债、资产支持证券、高评级的金融企业债、银行存款、货币市场共同基金、商业票据与回购协议等。公共部门和私人部门提供的安全资产可以相互替代。金融业的发展使得存款占金融部门安全资产的比重逐渐下降，影子银行体系随之成为安全资产最主要的提供者。Gourinchas 和 Jeanne（2012）认为，安全资产具有信用风险和市场风险低、市场流动性高、抗通胀能力强、汇兑风险低和异质性风险低等特点，不同类型的投资者看重安全资产的不同特性。虽然安全资产是一个相对概念，但是大多数文献均认为，信息不敏感是安全资产最核心的特征（Gorton，2010；Dang et al.，2009；Gorton and Ordonez，2012）。

资产证券化是影子银行体系创造安全资产的主要手段，这是因为，质量较差的资产经过多次证券化就可以获得较高评级。资产支持证券是金融机构重要的融资工具、投资者重要的投资产品，也是金融交易中重要的担保品。Caballero（2006）最早提出了安全资产短缺假说，他认为全球经济面临严重的安全资产短缺问题，也即安全资产的供给难以跟上全球居民、企业、政府、保险公司和金融机构对价值储藏工具和担保品的需求。在均衡条件下，安全资产短缺将导致现存的资产价格上涨，这无疑将对全球宏观经济产生显著影响。Caballero 等人随后发表了一系列文章详细阐释了安全资产短缺对主要经济变量的影响。这些文章均指出，资产证券化的兴起与安全资产的短缺密切相关。例如，Caballero 和 Krishnamurthy（2009）的研究表明，全球金融危机爆发的重要结构性因素之一是美国之外的经济体对无风险资产的需求大量增加，这导致大量资本流入美国，从而促进了美国资产证券化的爆炸式发展。Caballero（2010）认为，新兴经济体对美国安全资产的需求高涨，这给美国金融体系造成很大的压力，美国金融机构利用证券化手段从风险资产中分离出无风险资产，以此来弥补安全资产供需缺口。证券化使得金融市场对基础资产的需求增加，导致房地产与其他基础资产大幅升值，基础资产的快速升值反过来又进一步证明了结构性资产的安全性。这就在金融市场上形成了一个与安全资产有关的正反馈环。Bernanke（2011）也指出，2002 年至2007 年期间，欧美金融市场通过将风险资产证券化，制造出大量的私人安全资产。资产证券化无论是在弥补传统的安全资产短缺方面还是在为金融市场提供流动性方面都发挥了非常重要的作用。

（四）与资产证券化有关的一个简单模型

1. 基本假设

假设经济体中存在四个部门，居民部门、金融部门、企业部门和政府部门。居民部门 N 拥有的初始财富为 W_0^N，是经济体中主要的资金供给者，但是居民部门的投资技能简单，是风险规避型的，以安全投资为原则；金融部门 F 拥有的初始财富为 W_0^F，与非金融部门的不同之处在于，金融部门具有丰富的投资经验，金融部门是风险中立型的，以风险投资为主；企业部门是主要的资金需求者，它们发现并成立投资项目，向金融部门申请资金，金融部门会根据其拥有的经验筛选投资项目，因此，可以将金融部门和企业部门视为一个整体；政府部门以自身的征税能力为担保，发行国债，国债属于无风险资产。假设居民无法参与国债市场交易，那么，居民只能将资产配置于金融部门提供的低风险资产。

居民将持有短期低风险资产以满足非预期的交易需求和投资需求，假设居民将 αW_0^N 的财富配置于短期低风险资产，例如，活期存款和货币市场共同基金（MMMF）。居民将剩余的 $(1-\alpha)W_0^N$ 财富配置于中长期低风险资产，以获取投资收益，例如，定期存款和长期共同基金。

金融机构必须持有一定数量的流动性资产，以支持其短期负债。假设国债规模 $T<\alpha W_0^N$，那么，在没有证券化技术帮助金融部门将高风险、低流动性的信贷资产转换成低风险、高流动性的资产时，金融部门必须持有部分准备金，以支持其短期负债（见图 2-3）。证券化技术出现后，金融部门便不需要持有准备金（见图 2-4），可以将余留的准备金用来发放贷款，赚取更多的收益。从图 2-3 和图 2-4 显示的四部门资产负债简表可以看出，金融部门在经济体中承担着信用转换、期限转换和流动性转换的功能。金融部门将高风险、低流动性的资产，例如，企业贷款和住房抵押贷款，转变为低风险、高流动性的资产，例如，活期存款和 MMMF 份额这样的短期资产，以及定期存款和长期共同基金这样的中长期资产。金融中介的出现既降低了资金供给者和需求者之间的时间搜寻成本，也满足了投资者对安全资产的需求。

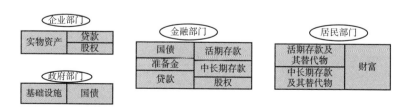

图 2-3　没有资产证券化时的四部门资产负债简表

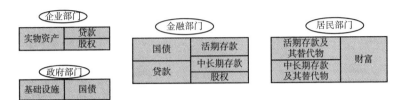

图2-4 出现资产证券化时的四部门资产负债简表

2. 资产证券化与金融部门的盈利水平和稳定性

（1）无资产证券化时的情景

假设经济体存在两个时期，第 0 期和第 1 期。

金融部门的预期收益函数：

$$E（W_1^F）=E[（1+\tilde{r}）K+（1+r_T）T+C-D^F（1+r_D）-L^F（1+r_L）]$$

公式（2-1）

金融部门的预算约束：

$$K+T+C=W_0^F+D^F+L^F$$

公式（2-2）

由此可知：

$$E（W_1^F）=E[（1+\tilde{r}）W_0^F+D^F（\tilde{r}-r_D）+L^F（\tilde{r}-r_L）-T（\tilde{r}-r_T）-C\tilde{r}]$$

公式（2-3）

其中，K 表示金融部门的风险投资，例如，企业贷款和住房抵押贷款；T 代表国债；C 代表现金；D^F 代表金融部门的中长期负债，等于居民的中长期资产 $(1-\alpha)W_0^N$；L^F 表示金融部门的流动性负债，等于居民的活期资产

αW_0^N；$\tilde{r}$、r_T、r_D 和 r_L 分别表示风险投资的收益率、国债收益率、中长期负债利率和短期负债利率，其中 $E\ (\tilde{r})=r_k$，$\text{var}\ (\tilde{r})=\sigma_{\tilde{r}}^2$，$r_k$ 和 $\sigma_{\tilde{r}}^2$ 由宏观经济等因素决定，准备金没有利息。

因此，金融部门的预期收益函数为：

$$E\ (W_1^F)=(1+r_k)\ W_0^F+(1-\alpha)\ W_0^N\ (r_k-r_D)+\alpha W_0^N\ (r_k-r_L)\ -T\ (r_k-r_T)\ -Cr_k$$

公式（2-4）

金融部门预期收益的波动性为：

$$\text{var}\ (W_1^F)=(W_0^F+W_0^N-T-C)\ \sigma_{\tilde{r}}^2$$

公式（2-5）

（2）有资产证券化时的情景

资产证券化技术出现后，金融部门可以通过资产证券化将流动性差的风险资产转变成流动性高的低风险资产，金融部门不再需要持有准备金。居民的资产配置是一定的，假设资产证券化技术并不会导致金融部门的短期和中长期负债融资成本发生变化。

因此，金融部门的预期收益函数为：

$$E\ (W_{1,S}^F)=E\ [(1+\tilde{r})\ K_S+(1+r_T)\ T-D^F\ (1+r_D)\ -L^F\ (1+r_L)]\ -\Phi\ (K)$$
$$E\ (W_{1,S}^F)=(1+r_k)\ W_0^F+(1-\alpha)\ W_0^N\ (r_k-r_D)+\alpha W_0^N\ (r_k-r_L)\ -T\ (r_k-r_T)\ -\Phi\ (K)$$

公式（2-6）

其中，脚标 S 表示证券化情景，K 代表金融部门自己构造的流动性资产，例如，资产支持证券、ABCP 管道和回购协议，K 的制造成本为 $\Phi(K)$，$K=\alpha W_0^N - T$。

金融部门预期收益的波动性为：

$$\mathrm{var}\,(W_{1,S}^F) = (W_0^F + W_0^N - T)\,\sigma_{\tilde{r}}^2 \qquad \text{公式（2-7）}$$

公式（2-6）减去公式（2-4）得：

$$E\,(W_{1,S}^F) - E\,(W_1^F) = r_k C - \Phi(K) = r_k K - \Phi(K)$$

$$\text{公式（2-8）}$$

结论 1：当 $r_k K > \Phi(K)$ 时，资产证券化情景下，金融部门的预期收益将大于无资产证券化时的情景；当 $r_k K < \Phi(K)$ 时，资产证券化情景下，金融部门的预期收益将小于无资产证券化时的情景。

公式（2-7）减去公式（2-5）得：

$$\mathrm{var}\,(W_{1,S}^F) - \mathrm{var}\,(W_1^F) = C\sigma_{\tilde{r}}^2 > 0 \qquad \text{公式（2-9）}$$

结论 2：资产证券化技术出现后商业银行的净负债供给增加，预期收益的波动性也将增加。

二　资产证券化实证研究

与资产证券化有关的实证研究兴起于 2000 年以后，而且以对微观数据的分析为主。本节将与资产证券化有关的实证研究划分为以下四个部分：一是资产证券化的决定因素，即从事资产证券化的金融机构具有哪些特征；二是资产证券化对发起人（主要是商业银行）的影响，包括资产证券化对金融机构稳定性、信贷供给和盈利能力的影响等；三是资产证券化过程中的逆向选择和道德风险问题，即发起人是否倾向于将质量差的贷款进行证券化，以及资产证券化是否降低了银行的信贷标准；四是其他实证研究。

（一）资产证券化的决定因素

Martin-Oliver 和 Saurina（2007）利用西班牙银行业数据，分析了银行从事表外证券化和表内证券化的决定因素，其结果显示，无论是表外证券化还是表内证券化都是银行解决流动性需求的工具，风险转移和监管资本套利对银行是否从事资产证券化的影响不明显，但是监管资本套利对资产证券化的规模有显著为正的影响。Bannier 和 Hänsel（2008）分析了欧洲银行进行贷款证券化的决定因素，他们发现银行规模、信用风险、流动性和绩效是银行进行资产证券化的主要决定因素，而监管套利的作用较小。Agostino 和 Mazzuca（2009）将证券化的动机归纳为增加融资、专业化和监管套利，并利用意大利的银行业数据进行了实证分析，其研究结果显示，拓宽融资来源是意大利银行业进行证券化的主要动机，而其他两个动机并不明显。此外，规模越大的银行进行证券化的概率越高。

Affinito 和 Tagliaferri（2010）、Cardone-Riportella 等（2010）均将资产证券化的动机归纳为拓宽融资来源、分散风险、增加利润和监管资本套利。Affinito 和 Tagliaferri（2010）运用 Probit 模型和 Tobit 模型分析了意大利银行业贷款证券化的决定因素，其结果显示，银行进行资产证券化的程度与资本充足率、利润率和流动性比率负相关，与不良贷款率正相关。Cardone-

Riportella 等（2010）利用 Logit 模型分析了西班牙银行进行资产证券化的动机，结果显示，证券化的主要动因是拓宽融资来源和提高经营业绩，而非信用风险转移和监管资本套利。倪志凌（2011）利用美国银行控股公司的季度数据，探讨了资产证券化造成银行动机扭曲的根源，其研究结果显示，资产证券化主要是通过增加银行资产的流动性而非转移银行资产的风险来对银行的行为动机造成影响的。

从研究资产证券化决定因素的文献来看，他们一致认为拓宽融资来源是银行进行资产证券化的主要动机，而关于监管套利和风险分散等动机的实证结果却存在较大差异。此外，迄今为止的文献均缺乏针对风险重置假说与便利收益假说的实证研究。

（二）资产证券化对发起人的影响

在美国次贷危机爆发之前，针对资产证券化对发起人影响的量化研究相对较少。次贷危机后，这方面的文献逐渐增多，并大多集中在以下三个方面，即对商业银行稳定性、信贷供给和盈利水平的影响。

1. 资产证券化与商业银行稳定性

2008 年全球金融危机前，资产证券化被普遍认为有助于金融稳定。但当时已经有一些文献开始对资产证券化与商业银行稳定性之间的关系进行初步探讨。Dionne 和 Harchaoui（2003）以 1988 年至 1998 年期间的加拿大商业银行为样本，分析了资产证券化程度、银行资本充足率和银行风险之间的关系，其结果显示，资产证券化将会降低商业银行的资本充足率，从而导致银行经营风险上升。Franke 和 Kranhnen（2005）用商业银行股票的 beta 系数来衡量其系统性风险，并利用 1999 年至 2002 年 27 家欧洲商业银行 73 笔担保债务凭证（CDO）数据分析了资产证券化对商业银行系统性风险的影响，结果显示，在 CDO 发行之后，商业银行的系统性风险会增加。Haensel 和 Krahnen（2007）再次证实了该结论。他们认为，商业银行可能将通过证券化获得的流动性资金重新投资于风险更高的项目，这将削弱资产证券化的风险降低作用。Uzun 和 Webb（2007）认为，银行规模是决定一家银行是否进行证券化的关键因素。他们基于 2001 年至 2005 年期间美国商业银行的数据进行研究发现，资产证券化程度与商业银行的资本充足率负相关，尤其是对于信用卡贷款的资产证券化而言。Jiangli 等（2007）构建了一个包含债务、股权、贷款销售和资产证券化等要素的银行模型。该模型的分析结果显示，证券化不仅有助于提高银行的盈利能力，还能够增加银行的杠杆率，并降低破产风险。Jiangli 和 Pritsker（2008）进一步利用 2001 年至 2007 年期间的数据，分析了抵押贷款证券化对银行控股集团破产风险、盈利能力和杠杆率的影响，其研究结果显示，抵押贷款证券化能够降低破产风险、增加杠杆率、提升银行盈利能力。

2008 年全球金融危机的爆发引起了人们对资产证券化和金融稳定性关系的深度反思，Uhde 和 Michalak（2010）利用欧盟 15 国和瑞士 54 个商业银行 1997 年至 2007 年的 592 笔证券化业务数据分析了资产证券化对商业银行系统性风险（股票的 beta 值）的影响，发现资产证券化提高了商业银行的系统性风险。Michalak 和 Uhde（2012）利用欧盟 13 国及瑞士商业银行的数据分析了资产证券化对欧洲商业银行稳健性（Z 指数和 EDF[①]）的影响，结果显示，资产证券化与商业银行稳健性负相关，从 Z 指数的子项来看，资产证券化与商业银行盈利水平（ROA）负相关，与资本比率负相关，但同时与商业银行收

---

① Z 指数 =（平均资产回报率 + 平均资本比率）/ 平均资产回报率的标准差，EDF 为预期违约率（Expected Default Frequency）。

益的波动性正相关。Battaglia 和 Gallo（2013）利用意大利商业银行的数据分析了资产证券化对商业银行系统性风险（预期损失和边际预期损失）的影响，结果显示，从事证券化的银行在极端事件下的预期损失较高，据此，他们认为通过资产证券化实现的风险转移比起保留的风险来讲是不重要的。Battaglia 等（2014）进一步利用意大利银行业的数据分析了资产证券化对银行系统性风险和个体风险的影响，结果显示，资产证券化活动既增加了商业银行的系统性风险（股票的 beta 系数和边际预期损失），也增加了商业银行的个体风险（CAMP 模型残差项的加权平方、股票收益与市场收益利差平方和），其中，系统性风险主要受当前资产证券化活动的影响，个体风险主要受之前资产证券化活动的影响。2007 年至 2009 年的金融危机使得证券化对商业银行系统性风险和个体风险的影响增加。Salah 和 Fedhila（2012）以 2001 年至 2008 年期间美国商业银行数据为样本，分析了资产证券化对银行风险承担（风险加权资产占比）和银行稳定性（Z 指数）的影响，其研究结果显示：一方面，资产证券化会造成商业银行的信贷质量恶化，以及资产负债表的信用风险上升；另一方面，资产证券化会显著增加商业银行的稳定性。他们进一步指出，上述矛盾关系源于不同类型的资产证券化对商业银行稳定性的影响大相径庭。住房抵押贷款证券化能够显著提高商业银行的稳定性，而非住房抵押贷款的证券化则不利于银行稳定。与之形成鲜明对比的是，Casu 等（2010）利用美国 2001 年至 2007 年期间银行控股公司的数据研究了资产证券化对银行风险承担行为的影响，其研究发现，对资产证券化程度越高的银行而言，其风险加权资产占比就越低。这种负相关关系主要体现在住房抵押贷款和房屋净值贷款这两大类贷款上，其他类型证券化的影响不显著。据此，他们认为资产证券化过程中的追诉权等担保措施可能改变了发起行的风险偏好。换言之，证券化对银行风险的影响最终取决于证券化的交易结构。Casu 等（2013）进一步指出，尽管从理论上来看，资产证券化有利于金融机构降低融资成本、改善风险管理与提高盈利水平，但在实践中，很多因素可能起到相反的效果。换言之，资产证券化对银行业绩的净影响很可能是不确定的。他们以 2001 年至 2008 年期间美国商业银行为样本，运用倾向评分匹配方法寻找控制组进行单变量分析，其研究结果显示，对证券化活动强度更高的银行而言，其利润更高、信用风险头寸更高、融资成本更高。因此，他们认为资产证券化并不比其他的融资、风险管理和利润提升方法更为优秀。

2. 资产证券化与商业银行信贷供给

研究资产证券化与商业银行信贷供给的文献大致可以分为两个方面。

第一，直接研究资产证券化对商业银行信贷增速和质量的影响，进而探讨资产证券化与金融稳定的关系。Carbó-Valverde 等（2011）以西班牙为例，分析了资产证券化、银行信贷和信贷质量的关系，结果显示，资产证券化提升了商业银行的信贷增速，但是信贷增速会在两年后对商业银行的表内贷款质量产生显著的负面影响。Bedendo 和 Bruno（2012）利用危机期间美国商业银行的数据，分析了以资产证券化、贷款销售和信用衍生品为主的信用风险转移（Credit Risk Transfer, CRT）工具对银行信贷和风险的影响，结果发现，在信用崩溃时期，获得融资是商业银行从事 CRT 的主要因素，无论是在繁荣时期还是在衰退时期，CRT 都有助于增加信贷供给。CRT 增加了风险，降低了信贷质量，导致商业银行在危机期间违约率上升。然而，也有文献得出了截然不同的结论。例如，Scopelliti（2013）指出，一方面，资产证券化为商业银行提供了新的融资渠道，银行可以利用资产证券化的收益扩大贷款供给；另一方面，资产证券化增加了银行信用衍生品的风险敞口，这将降低银行的信贷供给。他基于 1998 年至 2008 年期间美国银行业数据的研究发现，受与表外活动有关的潜在和实际损失的影响，表外信用敞口对银行贷款增长率的影响为负，并进一步区分了短期贷款和长期贷款，发现表外信用敞口对短期贷款有正面影响，而对长期贷款有负面影响。

第二，引入货币政策变量来分析资产证券化对货币政策有效性的影响。Altunbas 等（2007）以欧洲银行业为样本，分析了资产证券化对货币政策信贷传导渠道的影响，其研究结果显示，对资产证券化活动越活跃的金融机构而言，其信贷供给受货币政策变化的影响就越小。Gambacorta 和 Marques-Ibanez（2011）也通过实证检验证明资产证券化降低了货币政策变量对银行信贷供给的影响。他们进一步指出，在金融危机期间，资产证券化活跃的银行与其他银行之间的上述差距明显缩小。Loutskina（2011）通过构造一个反映商业银行贷款资产证券化潜能的指数，研究了资产证券化对银行流动性管理和信贷供给的影响，其实证结果显示，对贷款资产证券化潜力越高的银行而言，其资产负债的流动性比率就越低，信贷供给受货币政策变量的影响也就越小。Loutskina 和 Strahan（2006）对比分析了金融条件对大额抵押贷款（Jumbo Mortgage）和非大额抵押贷款（Non-jumbos Mortgage）接受率的影响[1]，其研究结果显示，当资金成本下降时，银行审批大额抵押贷款的意愿增加，但对非大额抵押贷款的审批意愿几乎没有变化。据此，他们认为资产证券化降低了货币政策对信贷供给的影响。

3. 资产证券化与商业银行盈利水平

专门研究资产证券化与商业银行盈利水平的文献偏少。Jiangli 等（2007）构建了一个包括债务、股权、贷款销售和资产证券化的银行模型。该模型分析结果表明，有机会通过资产证券化融资的银行更倾向于用资产证券化而不是贷

---

① 根据规定，房利美和房地美只购买贷款额度较小、质量较优的住房抵押贷款，其余不符合要求的贷款只能通过私人市场进行证券化。

款销售进行融资，这是因为资产证券化不但有助于提高银行的盈利能力，而且能增加银行的杠杆率以及降低银行的破产风险。Jiangli 和 Pritsker（2008）利用 2001 年至 2007 年的美国银行业数据，分析了抵押贷款与其他资产的证券化对银行破产风险、盈利能力和杠杆率的影响，研究结果显示，抵押贷款证券化可以降低破产风险、增加杠杆率以及提高银行的盈利能力。刘琪林和李富有（2013）利用美国银行控股公司的季度数据，分析了资产证券化对银行盈利水平、风险水平和流动性水平的影响，研究显示，资产证券化可以有效提升银行的流动性，但对银行盈利水平和风险水平的影响则取决于银行规模。

以上文献虽然在分析中提及了资产证券化对商业银行的盈利水平的影响，但均没有对其进行系统全面的分析。然而，收益和风险是金融机构在进行金融创新时最关注的问题，因此，本书认为有必要深入分析资产证券化对商业银行盈利能力的影响，而这也是本书的重要贡献所在。

（三）资产证券化过程中的激励扭曲

迄今为止，有不少研究者试图通过分析资产证券化过程中的激励扭曲来探讨资产证券化对金融稳定的影响。资产证券化过程中的激励扭曲主要包括道德风险和逆向选择。前者是指资产证券化是否降低了商业银行的信贷审核标准和执行标准，后者是指商业银行是否利用其拥有的优势信息将低质量贷款证券化。虽然道德风险和逆向选择产生的机制不同，但其造成的后果都是被证券化贷款的表现落后于保留在表内的贷款，因此很难将两者严格区分开来。例如，Berndt 和 Gupta（2009）分析了"发起并销售"模式兴起后信贷市场的变化。他们在分析了银团贷款的表现后发现，在二级市场上出售的贷款的表现每年要比表内贷款差大约 9%。这要么是因为银行利用其拥有的不可获得的私人信息发起并出售低质量贷款（逆向选择），要么是因为贷款被销售出去之后导致银行对贷款的监督力度放松（道德风险）。Jiang 等（2010）对两者进行了明确的区分，将道德风险归纳为证券化和信贷质量的事前（贷款发起前）关系，将逆向选择总结为证券化和信贷质量的事后（贷款发起后）关系。

在道德风险方面，Mian 和 Sufi（2009）在比较美国不同地区的资产证券化程度和违约率后，发现次级抵押贷款证券化扩张最迅速的地区也是后来违约率上升最快的地区。因此，他们认为资产证券化降低了银行的信贷标准。Keys 等（2010）用信用分数在 620 分以下的贷款表示难以证券化的贷款。他们随即分析了信用分数在 620 分附近的贷款违约率，结果显示，信用分数在 620 分以下的贷款违约率的确低于 620 分以上的贷款违约率。Jiang 等（2010）的类似研究发现，银行在发起贷款时会降低对被证券化可能性较高的贷款的审查力度，这是因为证券化削弱了银行仔细审查贷款人资格以及提供合适贷款的激励，这无疑会造成贷款质量显著下降。Rajan 等（2011）的实证研究发现，在证券化活动频繁时期，贷款发起人更多地关注需要包含在合同中、向投资者汇报的信息，而对决定贷款质量的软信息或无须向投资者汇报的信息的关注程度则显著降低，这自然会导致贷款的质量下降。Nadauld 和 Sherlund（2013）研究了证券化活动和次级抵押贷款扩张之间的因果关系，其结果显示，资产证券化活动将导致低质量信贷的扩张，这是由于证券化降低了发起人仔细审查贷款申请者的激励。总体而言，在道德风险问题上，各方的结论比较一致。相关研究大多认同资产证券化降低了商业银行的信贷标准，进而导致贷款质量恶化。然而，Albertazzi 等（2011）则认为上述研究都是基于美国次级抵押贷款市场得出的结论，并运用意大利优级抵押贷款数据进行的分析表明，如果发起人能够出售更加透明的贷款或者保留部分股权级 ABS，那么其信贷标准未必会降低。

在逆向选择方面，Ambrose 等（2005）比较了单个发起人的证券化贷款和未被证券化贷款的条件违约率，发现证券化贷款的违约率低于未被证券化贷款的违约率。他们认为，这可能是由发起人的监管套利动机所致，也可能是信誉约束能有效地限制发起人利用其拥有的私人信息的缘故。Jiang 等（2010）的研究发现，银行资产负债表上保留的贷款质量低于被证券化的贷款，他们认为，这是因为贷款发起和证券化之间存在时滞，而在此期间投资者逐渐获得了优势信息。Benmelech 等（2012）以担保贷款凭证（CLOs）为例进行的分析显示，逆向选择问题在企业贷款证券化中不明显。他们认为，这可能是因为 CLOs 的基础资产大多属于联合贷款，而联合贷款的相应机制能够有效降低证券化过程中的逆向选择。然而，Elul（2011）基于住房抵押贷款数据的分析发现，被私人部门证券化的贷款的表现确实比未被证券化的类似贷款差，而且该现象在优质住房抵押贷款市场（Prime Mortgage Market）上最为明显。被私人部门证券化的优质贷款的违约率要比未被证券化的高出 20%，这意味着发起人的确在利用其拥有的优势信息，将风险更高的贷款证券化。Agarwal 等（2012）基于住房抵押贷款数据的研究发现，对优质抵押贷款而言，银行倾向于将违约风险低的贷款证券化，将违约风险高的贷款留在表内，将提前偿付风险高的贷款证券化，将提前偿付风险低的贷款留在表内。他们将其归因于"两房"等政府支持机构（GSE）对抵押贷款支持证券的违约风险进行了控制，而没有对提前偿付风险进行控制的结果。总体而言，在逆向选择问题上，各项研究结果的分歧较大，这可能与不同文献研究的证券化产品种类、使用的方法和地区不同有关。

（四）其他研究

　　An 等（2009）、Nadauld 和 Weisbach（2011）分析了资产证券化对企业融资成本的影响。两项结果均显示，在其他条件相同的情况下，通道贷款

（被证券化的贷款）的利率会比表内贷款（未被证券化的贷款）的利率低 11 个至 20 个基点，此外，容易被证券化的企业贷款的利率显著低于不容易被证券化的贷款。这意味着资产证券化有利于降低企业的融资成本。

Piskorski 等（2010）运用 2005 年和 2006 年的抵押贷款数据，分析了资产证券化对丧失赎回权率的影响。他们发现，违约的表内抵押贷款的丧失赎回权率要比同等条件的违约的证券化抵押贷款的丧失赎回权率低 3% 至 7%，而且初始贷款的质量越高，上述差距就越大，并认为，这可能是因为贷款服务者在执行通道贷款和表内贷款时面临的激励不同，他们会对违约的表内贷款执行丧失赎回权的收益和成本内部化，也可能是由于证券化相关协议限制了贷款服务者的再谈判能力。

三　现有研究的局限

本章从供给和需求层面梳理了与资产证券化有关的理论文献。在供给层面，信息不对称假说认为打包和拆分有利于克服信息不对称造成的逆向选择，从而提高资产的流动性；监管套利假说认为资产证券化能够帮助银行规避最低资本监管，从而优化资本结构。在需求层面，风险重置假说认为资产证券化满足了投资者对安全资产的需求，而便利收益假说则认为资产支持证券满足了金融交易中的担保品需求。

然而，美国次贷危机的爆发揭露出资产证券化过程中的若干重要问题：第一，在面临不利冲击时，资产支持证券可能从信息不敏感型资产转变为信息敏感型资产，从而导致对资产支持证券的需求在短期内显著下降；第二，发起人通常会向资产支持证券提供隐性担保，而隐性担保将会破坏资产证券化的风险转移功能，导致金融机构的风险缓冲不足；第三，忽略尾部风险会导致金融体系发行过多的证券化产品，从而有损金融稳定；第四，担保品交易中的期限错配、重复抵押和顺周期性问题也不利于金融稳定。

大量实证研究的结果表明：首先，拓宽融资来源、提高流动性是资产证券化的最主要动机；其次，资产证券化对商业银行的稳定性、信贷供给和盈利水平均具有显著影响；最后，资产证券化过程中存在显著的激励扭曲，尤其是道德风险。

通过梳理以上文献，本书发现，迄今为止与资产证券化相关的研究文献依然存在一些局限，这集中表现在如下几点。第一，与资产证券化相关的理论研究和实证研究存在显著的分割，大多数实证文献是以缩减式的回归分析和对比分析为主，回归方程的设定缺乏充分的理论支持。第二，有关实证研究主要集中在微观层面，缺乏对资产证券化和宏观变量之间的具体关系与影响机制的研究。例如，资产证券化与经济增长、资产价格、经常账户等宏观变量之间究竟存在什么样的关系，而这些关系对衡量资产证券化的社会收益和成本具有很大帮助。第三，目前的文献基本上都从信贷渠道来研究资产证券化对货币政策的影响，很少考虑货币政策的其他传导机制（例如，利率传导机制）。在以资产证券化为核心的影子银行体系蓬勃发展的背景下，中央银行货币政策的中间目标是否依然有效是未来研究需要关注的重要方向。第四，对公共部门的资产证券化研究不足。以"两房"为代表的政府支持机构在美国的资产证券化过程中发挥了重要作用，因此有必要加强对政府支持机构所从事的资产证券化及其影响的研究。第五，对如何选择资产证券化具体模式的研究严重不足。例如，是否应该对以资产支持证券为代表的表外证券化和以担保债券为代表的表内证券化进行比较分析，探讨哪种证券化模式更有利于促进金融稳定与经济发展？考虑到中国目前正在开展资产证券化试点，回答清楚上述问题具有重要的现实意义。

第二部分
资产证券化的国际经验

第三章

美国资产证券化实践

美国既是资产证券化的发源地，也是迄今为止资产证券化规模最大的国家。1970年，吉利美（Ginnie Mae，GNMA）发行了第一只住房抵押贷款支持过手证券（Mortgage Pass-through Securities），但当中存在的提前偿付风险一直是其发展的主要障碍。[1]1983年，房利美发行了第一只担保抵押贷款凭证（Collateral Mortgage Obligation，CMO），CMO对基础资产现金流进行分层，解决了过手证券中存在的提前偿付风险。1986年，美国通过税收改革法案，创造了房地产抵押贷款投资管道（REMIC）这一特殊目的载体，解决了此前SPV存在的双重征税问题。

---

[1] 过手型（Pass-through）证券化并不对基础资产产生的现金流进行任何剥离和重组。

随后，资产证券化在美国迅速发展，基础资产从住房抵押贷款拓展到其他能够产生稳定现金流的资产，例如，信用卡应收款、汽车贷款、学生贷款和企业贷款等。

从 1970 年吉利美发行第一只住房抵押贷款支持证券以来，美国住房抵押贷款支持证券（Mortgage Backed Security，MBS）和资产支持证券（Asset-Backed Security，ABS）未偿付余额最高时分别达到 9.2 万亿美元（2008 年）和 1.9 万亿美元（2007 年），分别是同期美国国债市场余额的 160% 和 40%。美国次贷危机爆发后，资产证券化业务显著萎缩，截至 2013 年第二季度，美国 MBS 和 ABS 的余额分别为 8.5 万亿和 1.2 万亿美元，同期美国国债市场余额大幅增加，上升至 11.3 万亿美元。如图 3-1 所示。

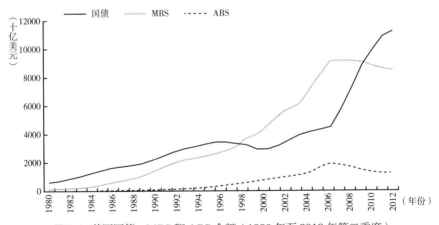

图 3-1 美国国债、MBS 和 ABS 余额（1980 年至 2013 年第二季度）

资料来源：SIFMA。

一　美国资产证券化兴起的原因

（一）储贷协会危机推进资产证券化发展

20世纪30年代大萧条后，美国制定了大量限制银行业竞争的法案和条例。例如，1932年和1935年银行法案限制银行向活期存款支付利息，并且美联储有权对定期存款和储蓄存款设定利率上限（Q条例）；设立银行必须获得联邦或州政府的许可，禁止银行跨州设立分支机构。上述法案显著降低了银行业之间的竞争程度。Peltzman（1965）发现由联邦控制银行经营许可证这一规定至少降低了银行50%的准入率。在严格的金融管制下，商业银行单纯依靠吸收存款、发放贷款就能获得可观的利润。例如，储蓄与贷款协会（Saving and Loan Associations，简称储贷协会）作为美国主要的住房抵押贷款发放机构，其主要利润就来自吸收短期储蓄存款，并向购房者发放20年至30年的抵押贷款。因此，时人讥讽储贷协会是"3-6-3"的经营方式（以3%的利率借款，以6%的利率放款，每天下午3点去打高尔夫球）。

20世纪60年代起，二战后婴儿潮一代成年，对住房抵押贷款的需求激增，储贷协会资金来源日趋紧张。全美住房抵押贷款余额从1955年的879亿美元上升至1980年的近万亿美元的规模。20世纪60年代中期，美国通货膨胀率开始上升，并在石油危机爆发后，进入高峰，导致储贷协会的经营陷入困难：首先，二战后住房抵押贷款合同大多以标准化的长期固定利率合同为主，在基准利率快速上升的背景下，储贷协会难以在短期内通过新的贷款合同提升平均收益率；其次，在通货膨胀的背景下，Q条例利率限制使得银行存款逐渐失去吸引力，资金逐渐向货币市场共同基金（Money Market Mutul Fund，MMMF）等新兴的投资工具转移。为解决储贷协会资金短缺的问题，美国立法机构授权储贷协会发行货币市场单据和浮息存款证等市场化融资工具。此举在缓解流动性短缺的同时，却导致储贷协会的利率出现倒挂。问题变得越来越严重，以至于引爆了自大萧条以来最大的银行倒闭潮。1980年至1994年，有大约3000家银行倒闭或接受政府援助，资产规模累计达到9236亿美元。

为了解决储贷协会危机，美国联邦政府支持机构（Goverment Sponsored Enterprises，GSE），主要是房地美和房利美，大规模地发行MBS以帮助储贷协会改善资产负债管理："两房"从储贷协会购买大量住房抵押贷款，再发行以这些住房抵押贷款为基础资产的资产支持证券为储贷协会融资，以缓解后者面临的流动性不足和收益率错配问题。1982年至1993年，美国GSE发行的MBS的年均增长率约为50%。

（二）利率市场化压缩银行利润空间

从20世纪80年代起，美国银行业的经营环境发生了显著变化。首先，国会分别在1980年和1982年通过了《存款机构放松管制和货币控制法案》（*Depository Institutions Deregulation and Monetary Control Act*）和《甘恩—圣哲曼储蓄机构法案》（*Garn-St Germain Depository Institutions Act*），这两项法案取消了利率管制。此外，国会在1994年通过了《里格尔—尼尔州际银行和分行效率法案》（*Riegle-Neal Interstate Banking and Branching Efficiency Act*），该法案取消了禁止银行跨州设立分行的规定。利率市场化和银行跨州设立分支机构禁令的取消，加剧了商业银行之间的竞争，侵蚀了商业银行的利润空间。商业银行被迫通过金融创新来寻找新的利润增长点。

金融"脱媒"压缩了商业银行的资金来源。20 世纪 70 年代，受 Q 条例利率管制的影响，MMMF 应运而生，以打破监管机构的利率管制。由于 MMMF 既能满足投资者的流动性要求，又向投资者支付投资收益，并且不受 Q 条例的限制，所以，MMMF 很快成为银行活期存款的替代品，这导致商业银行存款大幅流失。此外，垃圾债券和商业票据市场的兴起拓宽了企业融资渠道，也抢走了银行大量的市场份额。

经营环境的变化迫使商业银行改变以往仅依靠吸收存款、发放贷款就能获得可观利润的经营模式，商业银行的经营重点逐渐向中间业务拓展，以保持竞争、提高利润率。资产证券化很好地满足了商业银行的这一需求：首先，将信贷资产证券化有利于商业银行实施主动的负债管理，拓宽资金来源，改善资产负债管理，提高银行的信贷供给能力；其次，诸如资金管理、信用担保、贷款回收等一系列与资产证券化相关的中间业务，拓宽了银行的获利渠道。

（三）MMMF 与回购市场的兴起显著增强了对安全资产的需求

MMMF 是 20 世纪 70 年代美国金融市场为规避利率管制而兴起的。MMMF 不仅向投资者提供与活期存款类似的流动性（例如，投资者有随时签支票优先权、汇兑优先权），还向投资者支付短期红利，并试图将基金份额稳定在 1 美元的资产价值。因此，货币市场共同基金很快得到投资者的青睐并迅速发展。20 世纪 70 年代初，货币市场共同基金的规模仅为 40 亿美元，但在石油危机期间迅速发展。1990 年至 2008 年，MMMF 的规模从 4983 亿美元增加至 3.8 万亿美元，注册数超过 750 只，占所有投资公司规模的 39% 左右（周莉萍，2013）。MMMF 受《投资公司法》约束，主要投资于高质量的货币市场工具，包括国库券、银行承兑汇票、商业票据、回购协议等。所以，随着货币市场共同基金规模的发展壮大，其对安全资产（风险低、流动性高的资产）的需求也大幅增加。

回购协议就是资金融入方将有价证券抵押给资金融出方，并约定在一定的期限内按照约定的价格赎回该有价证券的过程，其中，融入的资金低于抵押证券的价值，这一差异被称作折扣率（Haircut Ratio）。资金融入方称为回购方，融出方称为逆回购方，参与交易的有价证券称为抵押品。回购协议的基本形式包括双边回购和三方回购。前者指的是两个机构之间的回购交易，无须第三方机构介入；后者指的是在双边回购的基础上，增加一个专门提供抵押品管理和清算的服务机构，以保证抵押品价值能充分满足逆回购方的融资要求。回购协议是重要的货币市场融资工具，也是 MMMF 主要的投资工具，因此，回购协议中要求的抵押品必须是高质量的安全资产。2008 年 3 月 4 日，货币市场 19 个一级交易商在回购市场融资 45 万亿美元（Gorton and Metrick, 2009）。

MMMF 和回购市场的兴起显著增加了对安全资产的需求，但是传统意义的安全资产（主要包括国债和联邦机构债）供给有限，特别是很大一部分国债和联邦机构债还被外国投资者持有。2007 年，外国投资者持有 57% 的美国国债、21% 的政府机构债、23% 的企业和资产支持证券（Gorton and Metrick，2012a）。包括国债和联邦机构债在内的传统安全资产并不能满足金融市场对安全资产的需求，而资产支持证券的独有特征，使其成为传统安全资产的重要替代品：首先，资产支持证券有对应的资产池作担保，不易受非系统性风险的影响，其价格相对稳定；其次，经过真实出售，资产支持证券与发起人成功地实现了破产隔离，其价格不受发起人财务状况的影响；最后，经过多重信用增级后，资产支持证券通常都能获得较高的评级。

（四）高评级资产风险权重过低促使银行通过证券化进行监管套利

1988 年，巴塞尔银行监管委员会发布了巴塞尔协议 I（Basel I），提出了统一的银行资本定义，并确定了根据风险加权资产计算资本充足率的方法和最低资本充足率的要求。该协议要求，从 1992 年底，各签约国国际性银行的资本充足率必须达到 8%，其中核心资本充足率必须达到 4%。同时，巴塞尔协议 I 还将银行表内资产风险权重分为四个等级，风险加权为 0、20%、50% 和 100% 不等。其中，高评级证券（例如，AAA 评级的 MBS）的风险权重为 20%，而对私人机构的债权（例如，企业贷款）的风险权重为 100%。2004 年，巴塞尔协议 II 通过并实施。在风险权重方面，巴塞尔协议 II 虽然引入了内部评级法，在风险权重计算上也更加细化，但仍然没有改变上述格局。巴塞尔协议等监管法案对高评级资产的风险权重过低，而对企业贷款等低评级或无评级的资产的风险权重过高，导致高评级和低评级风险加权资产出现了"悬崖效应"（BIS，2012）。

资产证券化为商业银行将低评级资产转变为高评级资产提供了契机。因为，通过多重信用增级，资产支持证券通常可以得到很高的评级，所以，通过资产证券化，将风险权重高的信贷资产转移至表外，再买入高评级的资产支持证券，商业银行就可以减少其风险加权资产，进而满足资本充足率要求，从而得以维持更高的杠杆率。资产证券化因而成为商业银行规避监管的法宝。

二 美国资产证券化的主要品种及潜在风险

美国是全球资产证券化业务最发达的国家。过去四十年以来，美国金融市场上涌现出各种各样的资产证券化产品。本节将介绍美国具有代表性的四种资产证券化品种，包括 ABS、MBS、CDO 和 ABCP。

（一）ABS

狭义的资产支持证券[①]是指除 MBS、CDO 和 ABCP 以外的资产支持证券。ABS 的基础资产主要包括汽车贷款、信用卡贷款、学生贷款、设备租赁贷款、贸易应收款和税收留置权等。如图 3-2 所示，1985 年，资产支持证券

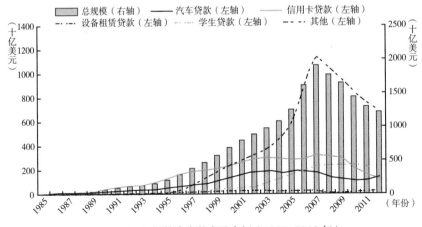

图 3-2 ABS 标的资产种类及余额（1985~2012 年）

资料来源：SIFMA。

---

① 广义的资产支持证券是指以某种资产组合为基础发行的证券，这些基础资产包括住房抵押贷款、企业贷款、应收账款、消费贷款、设备租赁贷款和信用卡贷款等。

的规模仅为 12 亿美元，2007 年，资产支持证券的规模已经达到 1.9 万亿美元。
2008 年全球金融危机爆发后，资产支持证券的规模显著萎缩，截至 2013 年
第二季度，美国资产支持证券的规模下降为 1.2 万亿美元。汽车贷款、信用
卡贷款和学生贷款是三类较重要的 ABS 标的资产，值得注意的是，以其他资
产 ① 为标的资产的 ABS 自 2000 年以来显著攀升，这表明随着资产证券化的
深入发展，越来越多的非常规资产被打包证券化。

（二）MBS

抵押贷款支持证券是指以住房抵押贷款为基础资产的资产支持证券，
包括居民住房抵押贷款支持证券（Residential Mortgage-Backed Security，
RMBS）和商业住房抵押贷款支持证券（Commercial Mortgage-Backed
Security，CMBS）。住房抵押贷款证券化是美国起步最早、规模最大的资产
证券化业务。2008 年，美国 MBS 余额约为 9.2 万亿美元，是同期美国国债
的 1.6 倍。金融危机后，MBS 的规模出现了显著萎缩，截至 2013 年第二季
度，MBS 的余额约为 8.5 万亿美元，萎缩了将近 10%。而同期美国国债的
规模却大幅上涨，2013 年第二季度，美国国债的规模扩大至 11.3 万亿美元，
MBS 与国债之比从 2008 年的 159% 下降至 76%。

根据标的资产不同，MBS 可以分为居民住房抵押贷款支持证券和商业
住房抵押贷款支持证券。根据现金流拆分方式的不同，MBS 可以分为过手
MBS、担保抵押贷款凭证（CMO）和剥离式 MBS。其中，过手 MBS 不对
资产池产生的现金流进行分层组合，直接将本息按比例支付给投资者，过手
MBS 主要出现在证券化早期，因其产生的现金流不稳定等缺陷，目前已经很

---

① 其他资产包括税收留置权、贸易应收款、船舶贷款、飞机贷款、公园门票收入等。

少使用；CMO 对抵押贷款资产池产生的现金流进行分层组合、重新安排后，再分配给投资者，现金流的稳定性大幅提高；剥离式 MBS 将资产池产生的现金流本金和利息分离，并支付给相应的投资者，分为本金型（Principal Only，PO）和利息型（Interest Only, IO）两种。

抵押贷款证券化一般有两条路径：一是通过 GSE 进行的证券化，二是通过私人 SPV 进行的证券化。信贷质量较高的小额居民住房抵押贷款（Non-jumbo Loan）主要走第一条路径，而大额居民住房抵押贷款（Jumbo-Loan）、次级抵押贷款以及商业住房抵押贷款主要走第二条路径。房地美和房利美是最主要的政府支持机构 MBS 发起人，GSE 发起的 MBS 占所有 MBS 相关证券的比重一直在 50% 以上。为了促进美国住房抵押贷款市场的发展，美国国会批准成立了三家政府支持机构：房地美、房利美和吉利美。政府支持机构在促进住房抵押贷款市场的发展方面，发挥着重要的作用。1990年，房地美和房利美大约购买了美国 25% 的抵押贷款余额，2003 年这一比重上升至 47%（Loutskina and Strahan，2006）。根据规定，"两房"不能发起住房抵押贷款，只能购买符合一定要求的住房抵押贷款（符合标准的贷款被称作 Conforming Loan 或者 Non-jumbo Loan），并将其打包证券化，出售给投资者。[1]

ABS 和 MBS 的构造简单，信息透明度较高，期限错配程度低。所以，ABS 和 MBS 的潜在风险主要集中在基础资产本身，利率上升、房屋价格下跌以及经济不景气等因素都会对基础资产现金流产生负面影响。例如，次贷危机中，MBS 的价格显著下跌，就是由次级抵押贷款违约率上升，基础资产恶化所致。

---

[1] 针对单户住房而言，全国性的符合标准的贷款上限已经从 20 世纪 70 年代初的 3.3 万美元增加至 2006 年至 2008 年的 41.7 万美元，对于法律认定的高成本地区（阿拉斯加、夏威夷、关岛和美属维尔京群岛），该上限可以提高 50%。

（三）CDO

目前，对 CDO 尚缺乏一个受到广泛认可的权威定义。总体来说，CDO主要是指以一系列信贷资产或债券为基础资产的证券化形式（张明，2008）。早期 CDO 的基础资产主要包括企业债券、新兴市场债券和银行贷款，后来逐渐将抵押贷款、MBS 和 ABS 等证券包括进去。第一只 CDO 由美国德崇证券（Drexel Burnham Lambert Inc.）在 1987 年发行，但是，CDO 的发展起步于 20 世纪 90 年代末，并在美国次贷危机前夕迅速膨胀。如图 3-3 所示，1995 年，全球 CDO 的规模仅为 29 亿美元，而到 2008 年，全球 CDO 的规模已经扩大至 1.4 万亿美元。截至 2013 年第二季度，全球 CDO 规模萎缩至8035 亿美元。

根据不同的标准，CDO 可以划分成不同的类型（见表 3-1）。根据交易目的不同，CDO 可以划分为资产负债表型 CDO 和套利型 CDO。前者的发起人主要是信贷机构，发行 CDO 的目的是将信贷资产腾挪至表外，加速

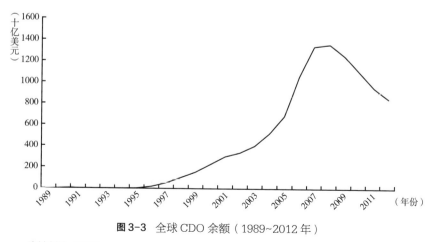

图 3-3　全球 CDO 余额（1989～2012 年）

资料来源：SIFMA。

资金周转效率，减少风险资产数量；后者的发起人不一定是基础资产所有人，发行目的在于套取基础信贷资产收益率与 CDO 各级证券利息收入之间的息差。按照证券化方法不同，CDO 可以分为现金型 CDO、合成型 CDO 和混合型 CDO。现金型 CDO 是最基本的 CDO 类型，SPV 利用资产池产生的现金流作为 CDO 证券还本付息的来源；合成型 CDO 建立在信用违约互换（Credit Default Swap, CDS）之上，资产所有权并不发生转移，发起人仅仅通过 CDS 将信贷资产的信用风险转移给 SPV，并由 SPV 最终转移给证券投资者；混合型 CDO 是上述两种 CDO 的组合。按照是否对资产组合进行积极管理，CDO 可以分为静态型 CDO 和管理型 CDO。静态型 CDO 不需要专门的资产组合经理进行管理，实施被动的现金管理；管理型 CDO 有资产组合经理对资产池进行积极的管理。根据基础资产不同，CDO 可以分为以高收益贷款为基础资产的担保贷款凭证（CLO），以企业债券为基础资产的担保债券凭证（CBO），以保险或再保险合同为基础资产的担保保险凭证（CIO），以 MBS 和 ABS 等结构性金融产品为基础资产的结构性金融担保债务凭证（SFCDO），以已经发行的 CDO 为基础资产的 CDO^2、CDO^3 等。

表 3-1　CDO 的类型

划分标准	类　型
交易目的	资产负债表型 CDO（Balance Sheet CDO） 套利型 CDO（Arbitrage CDO）
证券化方法	现金型 CDO（Cash CDO） 合成型 CDO（Synthetic CDO） 混合型 CDO（Hybrid CDO）
是否进行积极管理	静态型 CDO 管理型 CDO
基础资产	CLO（Collateral Loan Obligation） CBO（Collateral Bond Obligation） CIO（Collateral Insurance Obligation） SFCDO（Structured Finance CDO） CDO^2 和 CDO^3
其他	单级 CDO（Single-tranche CDO）

资料来源：张明（2008）。

　　现金型 CDO 的构造与 ABS 和 MBS 类似，但是合成型 CDO 的构造比较特殊。合成型 CDO 以信用违约互换为基础。信用违约互换（CDS）是一种信用衍生品，CDS 合同买方定期向合同卖方支付保费，如果合同中指定的第三方参照实体（Reference Entity）在合同有效期内发生信用事件（例如，降级或者违约），买方将获得来自卖方的赔付。CDS 合同买方既可以与参照实体之间存在债权债务关系，也可以与参照实体之间没有任何关系。由于 CDS 不涉及债权债务关系的转移，所以交易双方不用征得参照实体的同意（巩勋洲、张明，2009）。合成型 CDO 大致分为五个步骤（见图 3-4）。第一，发起人以某一资产组合为参照实体向 SPV 购买 CDS，并定期向 SPV 支付保费。第二，SPV 以签订的 CDS 合同为基础，发行不同级别的 CDO 证券。第三，SPV 将销售 CDO 获得的收入投资于一个独立的抵押资产池，资产池中的资产均为高质量的低风险资产。第四，如果参照实体没有发生违约事件，SPV 则利用 CDS 保费以及抵押资产池产生的现金流，向证券持有者支付利息；如果参照实体发生违约事件，那么 SPV 将利用资产池产生的收入或出售抵押资

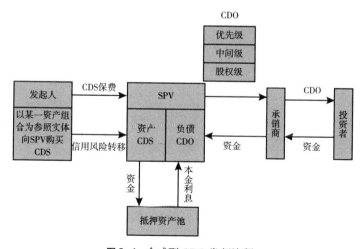

图 3-4　合成型 CDO 发行流程

资料来源：张明（2008）。

产池产生的收入，向发起人进行赔偿。第五，CDO 到期时，SPV 出售抵押资产池里的所有资产，向投资者支付本金。合成型 CDO 与现金型 CDO 最大的区别是，在合成型 CDO 中，资产组合并没有从发起人转移到 SPV，转移的仅仅是与资产组合相关的信用风险，合成型 CDO 使得商业银行在不转移信贷资产所有权的前提下就可以转移信用风险。

从 CDO 的分类可以看出，部分种类 CDO 的构造已经比较复杂，其中 SFCDO、CDO^2 和 CDO^3 已属于重复证券化范畴。重复证券化会拉长资金中介链条，加剧信息不对称，投资者往往无法知道所购买的 CDO 包含哪些基础资产，有多大比例与有毒资产有关，一旦发生负面冲击，投资者就容易过度反应，而且重复证券化往往是为了对低质量资产进行包装打磨，所以，隐藏在这些 CDO 当中的基础资产的违约风险更大。

（四）ABCP

ABCP 是一种带有证券化性质的商业票据，发起人将基础资产出售给 SPV，SPV 再以该资产为抵押在货币市场发行商业票据融资，大部分 ABCP 的期限在 30 天以内。从事 ABCP 发行业务的 SPV 被称作 ABCP 管道（ABCP Conduits）。ABCP 的规模从 2004 年 6 月的 6324 亿美元扩大至 2007 年 6 月的 1.2 万亿美元，增长了 89.8%。然而，ABCP 市场也沦为 2007 年至 2009 年金融危机前半期的重灾区，ABCP 未偿付余额从 2007 年 1.2 万亿美元的高峰下降至 2013 年 9 月的 2556 亿美元，萎缩了将近 80%，仅在 2007 年后 5 个月就萎缩近 30%，平均期限从 32 天下降至 15 天。如图 3-5 所示。

传统的 SPV 是一个根据事先制定好的规则和协议运营的"机器人企业"（Robot Firm），既没有员工也没有实际的办公地点，实施被动的资金管理。与传统 SPV 不同，每一个 ABCP 管道包含一个 SPV 和一个金融

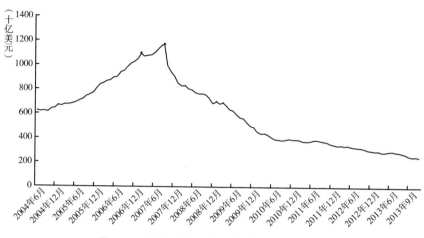

图 3-5　ABCP 余额（2004 年至 2013 年 9 月）

资料来源：SIFMA。

顾问，管道经理负责对资产池进行积极的管理，不断调整资产组合，以最大化收益（Anderson and Gascon，2009）。按照所购资产所属的机构数，ABCP 通道可分为单一卖方通道（Single-seller Conduit）和多卖方通道（Multi-seller Conduit）。单一卖方通道仅购买来自一个发起人的资产，通常只包括某一特定类型的资产，例如，汽车贷款、信用卡应收款和 MBS 等；多卖方通道包括来自多个发起人的、多种类型的资产，一般由大型商业银行发起。

　　ABCP 管道主要依靠资产负债之间的期限错配赚取利差。ABCP 管道的资产包括贸易应收款、汽车贷款、信用卡应收款和证券等中长期债券，期限大部分在 3 年至 5 年，而发行的商业票据期限大部分在 30 天以内。所以，ABCP 管道一般依靠滚动发行商业票据来为其资产融资，大多数 ABCP 管道都具有来自高评级银行的流动性和信用增级。ABCP 的主要投资者是 MMMF。

　　由此可见，期限错配是 ABCP 管道最大的风险，一旦投资者受不利冲击影响，信心下降，拒绝向新发行的 ABCP 融资，ABCP 市场将很快陷入流动性危机，这一点已经在 2007 年下半年的 ABCP 市场危机中得到验证，2007年后 5 个月，美国 ABCP 市场萎缩近 30%。

（五）四种资产证券化产品的比较

综上所述，四种资产证券化产品除了基础资产有所区别外，在产品构造和资金管理方面也存在显著的差别。从产品构造来看，ABS、MBS 和 ABCP的结构都比较简单，而 CDO，特别是合成型 CDO 的构造比较复杂。从期限来看，ABS、MBS 和 CDO 大多数为中长期债券，而 ABCP 属于短期或超短期商业票据。从 SPV 的资金管理方式来看，发行 ABS 和 MBS 的 SPV 实施静态资金管理，而部分发行 CDO 的 SPV 已经开始实施积极的资金管理，ABCP 管道则主要通过积极的资金管理，最大化资产负债利差。由于 ABCP管道的资产负债存在严重的期限错配，所以 ABCP 管道通过滚动发行的方式支付到期 ABCP 的本息。如表 3-2 所示。

表 3-2　四种资产证券化产品的异同

类型	ABS	MBS	CDO	ABCP
基础资产	除住房抵押贷款以外的信贷资产，如汽车贷款、学生贷款、信用卡贷款、设备租赁贷款等	居民住房抵押贷款、商业住房抵押贷款	杠杆贷款、高收益债券、保险或再保险合同、ABS、MBS 等	ABS、MBS、信用卡应收款、汽车贷款、学生贷款、抵押贷款、贸易应收款、设备租赁贷款等
期限	中长期	中长期	中长期	短期或超短期
资金管理方式	静态型	静态型	静态型和管理型	管理型
是否滚动发行	否	否	否	是

三　美国资产证券化存在的主要问题

在经历了数十年的快速发展后，美国的资产证券化在次贷危机中遭受重创。这场危机也深刻地揭示出美国资产证券化在发展过程中存在的主要问题。

（一）重复证券化加剧了信息不对称

美国资产证券化普遍存在重复证券化的问题。重复证券化拉长了资金的中介链条，加剧了信息不对称。Gorton 和 Metrick（2012b）指出，ABS 一般有三种用途：一是被出售给最终投资者；二是再次证券化为 CDO；三是发起人保留部分股权级证券，再购买一部分 ABS 用作金融交易的担保品（见图 3-6）。Pozsar 等（2010）指出，美国影子银行信用中介一般包含七个步骤，即发起贷款、构建资产池、发行资产支持证券、构建 ABS 资产池、发行 ABS CDOs、ABS 中介化和批发性融资，其中就包含了至少两个证券化过程。基础资产的质量越差，信用中介的链条就越长。高质量的基础资产只需要三个步骤就能完成融资，而低质量的资产可能需要七个甚至更多的步骤。金融市场通过重复证券化对基础资产的质量进行打磨修复，以创造出满足 MMMF 等机构投资者要求的高等级证券。SFCDO、CDO^2、CDO^3 就是典型的重复证券化产品。重复证券化导致资产支持证券的复杂程度提高，透明度降低，投资者无法知晓其持有的资产支持证券对应的是什么种类、什么级别的基础资产以及是否含有有毒资产。

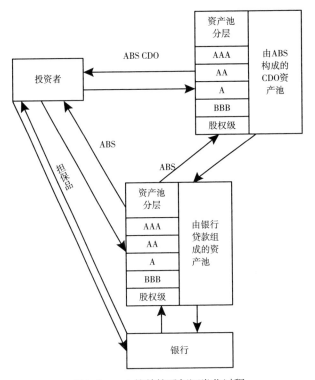

图 3-6 一个简单的重复证券化过程

资料来源：Gorton 和 Metrick（2012b）。

信息不对称会对金融市场造成诸多不利的影响。首先，信息不对称加剧了金融市场的不稳定性，导致金融市场抵御外部冲击的能力减弱。例如，当次级抵押贷款违约率上升时，投资者不知道自己手中持有的资产有多大比例与次级贷款有关，这就容易造成市场恐慌。投资者纷纷抛售手中的资产支持证券，拒绝购买新发行的商业票据，大幅提高回购协议的折扣率，导致金融市场顿时陷入流动性危机。其次，信息不对称导致投资者过度依赖外部机构评级。但是受多种因素影响，评级机构的评级结果很可能并不准确：一是证券化种类繁多、结构复杂；二是证券化产品存续时间短，依赖场外交易，导致历史数据不全；三是评级机构大量运用复杂却未必可靠的数学模型；四是评级机构的独立性尚待确定。外部评级难以反映这些结构性资产的全部风险，容易导致资产的价格和风险不匹配，从而进一步加剧了金融市场的不稳定性。

（二）无最低风险自留比例要求，导致发起人重贷款数量、轻贷款质量

在传统融资模式中，金融机构贷款采取"发起贷款并持有到期"模式，商业银行承担了信贷资产的全部风险，所以，为了控制经营风险，商业银行有激励去审查贷款质量以及监督贷款执行。然而证券化业务兴起后，金融机构的经营模式转变为"发起并分销"，商业银行成为贷款的中转站，不断将其发起的贷款通过证券化转移至表外。2008 年全球金融危机爆发之前，美国监管当局并未对发起人的风险留存比例做出明确要求，因此理论上而言，贷款人可以转移证券化产品中的全部信用风险。

风险过度转移削弱了商业银行严格执行贷款审核标准的激励，导致银行对信贷资产风险的关注度下降，更加注重信贷数量而非质量。据调查，一些美国贷款机构存在两套贷款发放标准，即对打算被证券化的贷款执行较为宽松的审核标准，对自留贷款则执行较为严格的审核标准。在新模式下，商业银行倾向于将贷款服务外包给直接贷款者（Direct Lender）。在次贷危机爆发前的房地产繁荣时期，直接贷款者的数量显著增加，这些直接贷款者的主要目标是寻求更多的放贷机会，它们在持有贷款很短一段时间后就会将其出售给银行（Gorton and Metrick，2012b）。重数量、轻质量的贷款风格导致商业银行的贷款质量不断下降，这为次贷危机的爆发埋下了隐患。

（三）隐性担保破坏了证券化的风险转移功能

隐性担保是美国资产证券化过程中另一个值得关注的问题。隐性担保

是指发起人对资产支持证券的兑付提供隐性支持，投资者和发起人心照不宣地达成协议，一旦资产支持证券发生违约，发起人将进行偿付。Gorton 和 Souleles（2005）运用委托代理人模型，分析了资产证券化过程中的隐性担保问题，指出隐性担保是投资者和发起人重复博弈的结果。发起人之所以选择隐性担保，是为了应对监管和会计要求。经过计量分析，他们发现 ABS 利差的确与发起人的信用等级存在显著关系。隐性担保打破了资产证券化的风险转移功能，当负面冲击导致资产支持证券违约时，发起人为了维持自身的声誉和后续融资能力，将履行该隐性担保承诺，对违约债券进行偿付。但是，资产证券化已经降低了发起人的资本缓冲，导致发起人抵御这种负面冲击的能力下降。因此为了满足偿付要求，发起人将不得不抛售其资产，造成资产价格下跌，导致冲击进一步扩散。

（四）证券化推高了经济体的杠杆率

一方面，证券化推高了居民部门的杠杆率。在"发起并分销"模式下，贷款发起人更加重贷款数量、轻贷款质量，因此发起人有激励扩大客户群体，忽视客户的风险承受能力。这使得在原有条件下无法获得贷款的居民也能获得贷款，次级抵押贷款就是一个很好的例子。次贷危机爆发前夕，很多信用级别较低的居民获得了住房抵押贷款，而且在房屋价格繁荣时期，居民还可以将多余的房屋净值进行再抵押融资。

另一方面，证券化也推高了金融机构的杠杆率。据悉，雷曼兄弟在破产前的杠杆率曾高达 30 倍，自有资本占总资产的比重仅为 3% 左右，资产负债率高达 97%（周莉萍，2013）。证券化推高金融机构杠杆率主要源于以下两个机制：首先，金融机构只要将流动性较差的贷款经过打包、分层，并经过信用增级获得高评级出售后，再在金融市场上买入等额的资产支持证券，金融机构就可以显著减少风险加权资产，从而降低法定资本金要求；其次，重复抵押问题进一步推高了金融机构的杠杆率。重复抵押是指资金融出方将资金融入方抵押的证券再次用作抵押品向其他机构进行融资的过程。根据美国《证券投资者保护法案》（*Security Investor Protection Act*）的规定，经纪人—交易商可以将客户的抵押品进行重复抵押，但是最多只能融入客户借款余额的140%。[①] 但是，该法案并没有将衍生品、回购和期货交易包括在内，所以，在这几类交易中，重复抵押是不受限制的（Singh and Aitken，2010）。重复抵押虽提高了担保品、抵押品的流通速度，但导致特定证券的回购交易量可能超过市场上该种证券的余额。

高杠杆率虽然提高了资金使用效率和金融机构的利润，但也增加了经济体的脆弱性。一旦出现负面的冲击，居民部门和金融机构必然面临一个痛苦的去杠杆化过程。例如，当次贷危机导致资产支持证券评级下调时，金融机构的法定资本要求会显著增加，商业银行为满足资本需求不得不大量出售资产支持证券，导致这些资产的价格进一步下降，从而使得商业银行面临更大的损失。重复抵押问题还会导致金融市场上的去杠杆化出现连锁反应。此外，在大多数情形下，私人部门去杠杆化将导致公共部门杠杆率上升，最终为主权债务危机埋下隐患。

（五）评级机构的利益冲突

利益冲突（Conflicts of Interests）是指当某人或机构具有多重目标时而产生的道德风险问题。信用评级机构的利益冲突问题在美国次贷危机爆发过

---

① 假设一个顾客将 500 美元的证券作为抵押品融入 200 美元的资金，那么经纪人交易商最多只能用这些抵押品融入 280 美元的资金（200×140%）。

程中扮演了重要角色。本着对投资者和监管者负责的原则，评级机构本应该做出公正客观的评级以准确地反映被评级产品的风险，但证券发行者希望其所发行的证券能获得更为有利的评级，这就导致评级机构在进行信用评级时面临多重目标。影响评级机构独立性的因素主要有二：其一，信用评级一般是卖方付费，即由证券发起人向评级机构提供的评级服务付费[①]；其二，发行者经常向评级机构咨询应该如何构建复杂的证券，以获得更为有利的评级。这就在评级机构内部造成利益冲突，是为投资者和监管者提供客观公正的评级，还是提供有利于发行者的评级？

2008 年全球金融危机前夕，资产支持证券经过不同程度的打包、分拆和再组合就能获得高评级。由于没有直接吸收存款发放贷款，以证券化为特征的影子银行体系基本不被美联储作为存款性机构直接监管。而回购协议与 ABCP 基本也只是由信用评级机构来约束，而不被货币当局直接监管（周莉萍，2013）。然而，评级机构的利益冲突问题导致评级并不能真实反映这些证券的潜在风险，这导致金融脆弱性不断累积直至最终爆发金融危机。

美国次贷金融危机爆发后，证券交易委员会（SEC）出台了一系列规定以解决评级机构的利益冲突问题。例如，禁止信用评级机构同时就同一债券发行提供咨询服务和评级服务；负责评级的人员，不得参与费用的协商，禁止发行者向参与评级的人员赠送超过 25 美元的礼物；要求评级机构披露更多与信用评级有关的信息；要求评级机构区分对待结构性产品和普通债券等。这些规定能够在一定程度上缓解评级机构面临的利益冲突问题。

---

① 20 世纪 70 年代以前，投资者需要向评级机构支付费用才能获得相关债券的评级，但是 1970 年后，主要的评级机构开始向证券发行者收取费用。这一转变的原因主要是 20 世纪 70 年代的技术变革，例如，影印使得信息传播成本降低，投资者很容易就可以将证券的信用评级传播出去，"搭便车"的问题很严重，导致评级机构的收入下降。

四 小结

美国是全球资产证券化规模最大、结构最复杂的国家。储贷协会危机推进了资产证券化的发展，金融自由化压缩了商业银行的利润空间，MMMF和回购市场的兴起显著增加了对安全资产的需求，以及巴塞尔协议监管框架的推行进一步促进了证券化的快速发展。然而，美国次贷危机的爆发生动地证明重复证券化、风险过度转移、隐性担保、重复抵押与评级机构的利益冲突等问题也会显著增加金融系统的脆弱性，甚至导致金融危机的爆发。

次贷危机爆发后，美国国内的资产证券化产品出现大规模的萎缩，特别是那种复杂程度高、套利性质强的证券化产品的萎缩幅度更大。投资者对资产证券化产品的风险偏好显著降低、警惕性显著提高，因此短期内，资产支持证券的规模难以恢复至危机前的水平。金融危机后，美国国会出台了《多德－弗兰克华尔街改革和消费者保护法案》，加强对以证券化为特征的影子银行体系的监管。例如，要求发行人必须将至少5%的风险资产保留在其资产负债表上，加强与证券化产品相关的信息披露等。可以预计，随着时间的推移，在不久的将来，美国的资产证券化交易会逐步恢复，回归到初期的基本结构和资产类型上来，以吸引投资者，并满足监管要求；高杠杆的、复杂的证券产品可能继续受到限制，证券化产品有望回归到链条较短、透明度较高、杠杆率较低的可持续发展轨道上来。

中国政府应充分吸取美国资产证券化发展过程中的经验教训，在大力发展资产证券化的同时，建立起宏观审慎监管政策框架，做好如下风险防控工作。其一，在具体产品设计方面应充分考虑中国国情，创造出更加适合中国经济和金融发展的证券化产品。其二，建立与资产证券化相匹配的监管体系，证券化将信贷市场、资本市场和货币市场联系起来，改变了商业银行的传统经营模式，传统的以分业经营为基础的监管模式可能存在效率低下和监管不到位等问题，因此，构建一个协调一致的监管体系对中国金融市场的健康发展至关重要。其三，限制重复证券化，防止资产证券化链条变得过长，美国的经验告诉我们无限制地重复证券化会加剧信息不对称，降低资金配置效率，并最终偏离证券化的初衷。其四，监管当局应当规定合适的最低风险自留比例，体现"利益共享、风险共担"原则，控制发起人的道德风险。其五，限制资产重复抵押，限制金融机构的杠杆率，特别是在经济繁荣时期，将金融机构杠杆率控制在合理的范围，避免经济下行期间，金融机构大幅去杠杆造成的不利影响。其六，提高国内信用评级机构的业务能力和业务素质，通过创新解决评级机构的利益冲突问题。其七，还应提高信息披露程度，加强对投资者的风险教育，培育良好的金融市场环境。

第四章

欧洲资产证券化实践

    20 世纪 80 年代末，资产证券化由美国传入欧洲，欧洲逐渐发展成为仅次于美国的全球第二大资产证券化市场。欧洲资产证券化的大发展始于 20 世纪 90 年代末，特别是在欧元诞生以后。从 1987 年全英住房贷款公司发行英国历史上第一笔居民住房抵押贷款支持证券化（RMBS）以来，欧洲资产证券化的基础资产逐渐从居民住房抵押贷款拓展至商业住房抵押贷款、企业贷款、信用卡贷款、汽车贷款、消费者信贷、设备租赁贷款、应收账款和彩票收入等各种类型的资产。由于金融环境和法律体系不同，欧洲在学习借鉴美国资产证券化经验的过程中，发展出一些具有欧洲特色的资产证券化业务，例如，整体业务证券化（Whole Business Securitization，WBS）、中小企业贷款证券化（Small and Medium Enterprises

Securitization, SME Sec）以及资产担保债券（Covered Bond，CB）等证券化产品。这些具有鲜明欧洲特色的资产证券化模式或许能够为中国的资产证券化发展提供重要的参考借鉴。本章将首先总结欧洲资产证券化的发展概况，然后重点分析具有欧洲特色的资产证券化模式，最后梳理欧洲资产证券化进程能够为中国资产证券化提供的借鉴之处。

一　欧洲资产证券化发展简介

欧洲的资产证券化产品主要包括住房抵押贷款支持证券（MBS）、资产支持证券（ABS）、担保债务凭证（CDO）、整体业务证券化（WBS）和中小企业贷款证券化（SME Sec）。图 4-1 显示了欧洲金融市场上这五种主要的证券化产品历年发行规模演变。由图 4-1 可见，虽然欧洲在 20 世纪 80 年代末就引入了资产证券化业务，但是资产证券化业务的大发展是在欧元诞生以后。这得益于欧元诞生后，欧元区内部汇率风险消失、金融市场规模扩大和融资需求上升。

与美国一样，MBS 也是欧洲最大的资产证券化品种。但是，欧洲并没有类似于房地美和房利美那样的政府支持机构来支持 MBS 的发行，而是主要依靠私人部门。2000 年至 2008 年，欧洲 MBS 的发行规模稳步上升，从 536 亿美元上升至 9100 亿美元，增加了约 26 倍。2009 年，受全球金融危机的影响，欧洲 MBS 的发行规模大幅下跌至 3566 亿美元，此后逐年下降。2013 年，欧洲仅发行了 984 亿美元的 MBS，相比 2008 年萎缩将近 90%。MBS 的未偿付余额则从 2009 年 2.1 万亿美元的高峰下降至 1.3 万亿美元，萎缩了大约 38%。欧洲 MBS 的发行主要集中在英国、西班牙、荷兰、意大利和比利时。

ABS 是欧洲第二大资产证券化品种，其基础资产主要包括汽车贷款、消费者信贷、信用卡应收款、设备租赁贷款和其他资产。1999 年至 2008 年，欧洲 ABS 的发行规模从 215 亿美元稳步上升至 982 亿美元，上升了 357%。2009 年至 2010 年，受金融危机的影响，ABS 的发行规模显著下降。2011 年至 2013 年，ABS 的发行规模迅速恢复，但是波动性显著增强。ABS 的未偿付余额从 2009 年 2988 亿美元的高峰下降至 2013 年的 2674 亿美元，萎缩了约 11%。欧洲 ABS 的发行主要集中在意大利、德国、法国、西班牙和英国。

　　CDO 是欧洲第三大资产证券化品种。1999 年至 2008 年，欧洲 CDO 的发行规模从 85 亿美元上升至 2008 年的 1306 亿美元，增加了约 14 倍。2009 年至 2013 年，受金融危机的影响，CDO 的发行规模显著下跌，截至 2013 年，CDO 的发行规模仅为 122 亿美元，相比 2008 年下降了约 90%。CDO 的未偿付余额也从 2008 年 3741 亿美元的高峰下降至 2013 年的 1836 亿美元，萎缩了约 51%。CDO 多是泛欧债券和跨国债券。

　　整体业务证券化（WBS）和中小企业贷款证券化（SME Sec）是欧洲具有代表性的资产证券化产品。WBS 是指以企业某项业务产生的未来现金流为支撑的证券化。中小企业贷款证券化是指以中小企业贷款为基础资产，以其

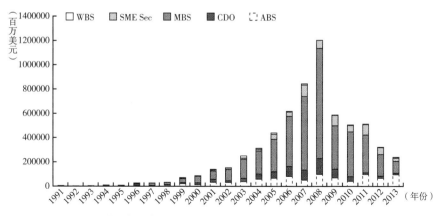

图 4-1 欧洲各类资产证券化产品历年发行规模（1991~2013 年）

资料来源：SIFMA。

产生的现金流为支撑的证券化产品。与前三种资产支持证券不同，WBS 和
SME Sec 受金融危机的影响较小。截至 2013 年，欧洲 WBS 和 SME Sec 市
场规模分别达到 878 亿美元和 1634 亿美元。

从地理分布来看，英国是欧洲最大的资产证券化市场，其次是荷兰、西
班牙、意大利、比利时和德国。2013 年，英国、荷兰、西班牙、意大利、比
利时和德国的资产支持证券未偿付余额占欧洲资产支持证券未偿付余额的比
重分别为 29%、18%、12%、12%、6% 和 5%。如图 4-2 所示。

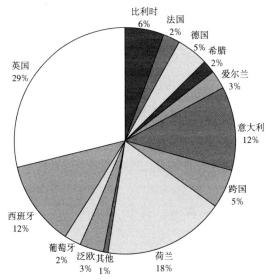

图4-2 2013 年欧洲主要经济体资产证券化规模占比

资料来源：SIFMA。

二 具有欧洲特色的资产证券化品种

欧洲资产证券化实践在借鉴美国资产证券化经验的过程中，也逐渐发展

出一些具有欧洲特色的资产证券化业务。本节将重点介绍三类在欧洲具有代表性的证券化业务，即 WBS、SME Sec 和担保债券。

（一）中小企业贷款证券化（SME Sec）

SME Sec 是指以中小企业贷款为基础资产，并以其产生的现金流为支撑的证券化产品。全球中小企业贷款证券化业务主要集中在欧洲。据统计，2007 年，中小企业数量占欧盟所有企业数量的比重为 99.8%，解决了欧盟 2/3 的就业，占到欧盟整体增加值的 60%（Kraemer-Eis et al.，2010）。金融危机以前，中小企业贷款证券化已经成为一些欧洲国家重要的中小企业融资工具之一。

虽然 20 世纪 90 年代后期在欧洲就已经出现中小企业贷款证券化，但是，欧洲中小企业贷款证券化的快速发展主要发生在 2004 年至 2011 年。在此期间，SEM Sec 的未偿付余额从 321 亿欧元增加至 1818 亿欧元，年均增速为 28%。受欧洲债务危机以及经济衰退的影响，2012 年至 2013 年，欧洲中小企业贷款证券化的规模显著下降。[①]

与大型企业相比，中小企业很难从股票市场和债券市场融资，主要通过银行贷款获得外部融资，融资渠道受限。但对于银行而言，中小企业贷款的风险较大，占用银行的资本额度较高。特别是自巴塞尔协议 II 实施之后，银行的资本金状况愈发紧张，对中小企业的惜贷现象有增无减。在这一背景下，中小企业贷款证券化消除了银行的这些顾虑，为中小企业提供了替代性的融资渠道，使得中小企业有机会从资本市场获得融资（Jobst，2005）。

与一般企业贷款相比，中小企业贷款的异质性强、金额小以及频率高，

---

① 数据来源于 SIFMA。

难以发挥规模效应，发起人不愿意设立专门的 SPV 进行中小企业贷款证券化。因此，中小企业贷款证券化的发展往往需要公共部门的支持以降低其交易成本。欧洲公共部门在推进中小企业证券化方面发挥了积极的作用，它们设立并发起了一系列项目和倡议，并在其中扮演着通道搭建、项目管理和信用增级的角色。比较典型的例子包括德国复兴信贷银行（KfW）发起的促进中小企业贷款证券化平台（Promotional Mittelstand Loan Securitization，PROMISE）、西班牙政府发起的 FTPYME 计划以及欧洲投资基金（Europe Investment Fund，EIF）提供的信用增级活动等。

PROMISE 采用了以转移风险为目的的合成模式（见图 4–3）。首先，由中小企业贷款发起人和 KfW 签订 CDS，将贷款的违约风险转移给 KfW，发起人需向 KfW 支付保费。其次，KfW 将信用风险分割成不同等级：超优级部分占 80%~90%，KfW 通过与经济合作发展组织（OECD）银行签订CDS 合约，将这部分风险转移给 OECD 银行；第一损失（通常所说的股权级债券）的比重在 3% 左右，一般由发行人持有，也可以与交易对手签订次级 CDS 将信用风险转移给对手方；剩余的部分为中间级，KfW 将通过其建立的 PROMISE SPV 向投资者发行不同等级的信用联系票据（Credit Linked

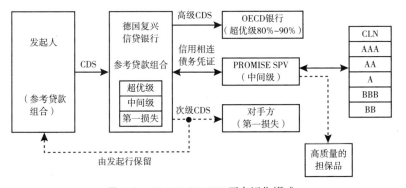

图4-3　KfW PROMISE 平台运作模式

资料来源：Jobst（2005）。

Notes，CLN），将信用风险传递给不同风险偏好的投资者。另外，KfW 还发起了"真实出售倡议"（True Sale Initiative，TSI）支持中小企业贷款证券化。

FTPYME 计划采取了传统的现金模式，主要是支持中小企业贷款和个体经营者贷款的证券化。该计划的特点是通过设立特殊目的信托，从多个发起人处收购贷款，在此基础上构建由多个发起人组成的资产池，最后发行资产支持证券。其中，西班牙政府将向 SPV 发行的部分 AAA 评级证券提供无条件的信用担保［被担保的那部分证券被称作 A（G）级］，以降低中小企业的融资成本。此外，为了确保市场上中小企业贷款的总供给量，西班牙在 1999年、2001 年和 2003 年颁布的三条关于中小企业贷款证券化的法案均包括了一项重要的条款，即发行人必须将通过资产证券化所获得资金的一定比重用于中小企业融资。该比重由 2001 年法案的 50% 上调至 2003 年法案的 80%。如表 4-1 所示。

表 4-1　西班牙中小企业贷款证券化相关法案

	法规概述
1999 年法案	政府向"AA"、"A"或"BBB"信用评级的资产支持证券提供担保；证券化资产池中至少有 50% 是中小企业借贷，借贷必须符合欧盟指南（European Commission Guidelines）对于融资的规定
2001 年法案	政府仅向"AA"和"A"评级的资产支持证券提供担保；政府担保将覆盖 50% 的"A"和 80% 的"AA"评级的资产支持证券；发行人必须将通过资产证券化获得资金的 50% 用于中小企业融资
2003 年法案	政府仅向"AA"评级的资产支持证券提供担保；证券化资产池中至少有 80% 为中小企业借贷；发行人必须将通过证券化获得资金的 80% 用于中小企业融资

资料来源：长江证券（2014）。

欧洲投资基金（EIF）则会通过票据担保、双边担保和信用违约互换等方式向中小企业贷款证券化交易提供各种形式的信用增级，以降低发起人的融资成本。EIF 向整个欧洲范围内符合一定要求的中小企业贷款证券化交易提供担保。获得担保的主要条件是在基础资产池中至少 50% 的债务必须是中小企业贷款。EIF 向证券化产品中评级较低的债券（A 或 BBB）提供担保，以提高信用评级（通常提高到 AAA），从而降低融资成本。EIF 的资金来源主要包括欧洲投资银行、欧盟和欧盟内的多家金融机构。

（二）整体业务证券化（WBS）

WBS 起源于 20 世纪 90 年代的英国，是指以企业某项业务产生的未来现金流为支撑发行债券的过程。据悉，第一笔 WBS 业务是将疗养院所产生的现金流证券化。目前，WBS 的基础资产已经拓展至宾馆、酒店、主题公园和机场等领域。截至 2013 年底，欧洲 WBS 市场的规模约为 730 亿欧元。WBS 的发行集中在英国，英国 WBS 债券未偿付余额占欧洲 WBS 债券未偿付余额的比重一直在 95% 以上。[①]

WBS 的期限结构较长，一般在 20 年至 30 年，而且经过适当的信用增级以及对企业的业务运作进行严格管理，WBS 的信用评级可以比发起人的信用水平高出一个至四个等级，因而可以有效地降低融资成本（高蓓等，2014）。2000 年之后，WBS 由欧洲陆续传入美国、日本、新加坡及马来西亚等新兴市场国家，成为资产证券化技术回流美国的典型案例。

WBS 与传统资产证券化的区别在于，WBS 是对正在运营的资产进行证券化，并将这些资产运营产生的收益用于偿付债务。WBS 债券是企业的直接或间接债务，而资产所有权仍停留在发起人的资产负债表内，因此，WBS 属于表内资产证券化。WBS 的另一重要特点在于，整体业务运营产生的收益通常由某一代表投资者利益的证券信托持有。当 WBS 债券发生违约时，证券

---

① 数据来源于 SIFMA。

信托有权授权一个管理接收人（Administrative Receiver）接管与 WBS 相对应的整体业务，以确保投资者得到足额偿付。

图 4-4 显示了 WBS 的一般发行过程。首先成立 SPV 负责 WBS 的发行，SPV 利用发行 WBS 债券获得的资金向待融资企业发行担保贷款，待融资企业（借款人）以所有营运资本产生的固定或浮动收益为担保获得贷款。借款人利用经营产生的现金流定期偿还贷款，向投资者支付本息。WBS 发行通常会设立流动性便利为 SPV 提供流动性支持以避免 SPV 出现暂时性的资金短缺；此外，通常还会设立营运资本便利来为营运资金的季节性波动提供融资支持。

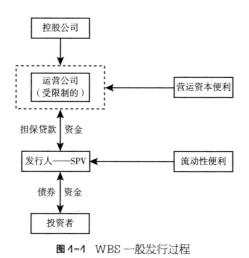

图 4-1 WBS 一般发行过程

资料来源：Ramgarhia 等（2004）。

综上所述，WBS 债券的期限较长，且需要定期支付债券本息，因此，经营的连续性以及稳定的现金流是 WBS 成功运行的关键。Ramgarhia 等（2004）认为适合发行 WBS 的业务应具有以下特点：其一，业务受经济周期的影响较小，能够在整个经济周期内产生稳定的现金流，例如，各类公用事业（Utility）；其二，现金收入占经营收入的比重高；其三，该业务的进入壁垒高，在市场中具有较强的垄断地位；其四，具有限制竞争的监管环境；其五，破产发生时，该业务的价值容易变现；其六，抵押资产的替代使用价值高，一旦出现债券违约，抵押资产可以快速地与债务人的其他业务相分离，并且能在资产处置过程中获得较高的价值。

（三）担保债券

担保债券（Covered Bond，CB）是指银行以住房抵押贷款、对公共部门的贷款等高质量资产构建担保池发行的一种融资债券。担保资产仍然停留在银行资产负债表内，债券的投资者不仅对担保债券具有追索权，对发起人也具有追索权，因此 CB 又被称作表内双担保债券。CB 通常是固定利率债券，期限为 2 年至 10 年。

虽然欧洲以外的地区也有 CB 发行，但欧洲一直是 CB 最主要的市场。2012 年欧洲 CB 发行规模占全球担保债券发行规模的比重超过 90%。欧洲国家对 CB 的发展非常重视，许多国家都针对担保债券制定了专门的法律法规。2006 年，CB 在丹麦、西班牙、瑞典以及一些中欧、东欧国家居民住房贷款来源中的比重都超过了 30%，成为这些国家金融机构外部融资的主要渠道（宣昌能、王信，2009）。

CB 是欧洲最重要的结构性融资产品，占据着欧洲结构性融资市场的半壁江山。CB 的发展最早可追溯到普鲁士时期，但是其加速发展是在 20 世纪 90 年代后期，特别是欧元诞生以后。如图 4-5 所示，2003 年至 2012 年，全球担保债券的规模从 1.5 万亿欧元稳步上升至 2.8 万亿欧元，年均增速约为 7.2%。同期内，欧洲资产支持证券的规模从 2003 年的 6000 亿欧元上升至 2009 年的 2.3 万亿欧元，随后下降至 1.7 万亿欧元。CB 的资产池以公共部门贷款（Public Sector Loans）、抵押贷款（Mortgage Loans）和船舶贷款（Ship Loans）为主，其中，公共部门贷款的占比总体在降低，抵押贷款的占比逐渐上升，另外，以船舶贷款作为支持的担保债券主要流行于丹麦和德国。在2007~2008 年的全球金融危机中，担保债券所受影响较小。德国、西班牙、法国和丹麦是主要的资产担保债券发行国。

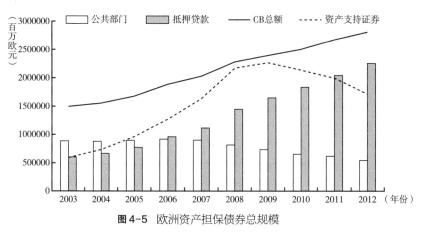

图4-5　欧洲资产担保债券总规模

资料来源：资产支持证券数据来源于 SIFMA，担保债券相关数据来源于 EMF/ECBC。

　　担保债券的发行方式分为直接发行和间接发行两种。直接发行无须借助于 SPV，由商业银行直接组建资产池，并以该资产为标的发行担保债券，资产仍然停留在商业银行表内。间接发行又被称作结构性担保债券，需要借助于 SPV，SPV 负责担保 CB 本息的支付，银行仍是债券的发行者，但将担保资产专门转移到这个 SPV，这种发行方式流行于英国和荷兰等没有专门的担保债券立法的国家（Packer et al.，2007）。

　　与一般资产证券化产品相比（见表4-2），CB 具有两大特点。其一，担保资产仍然位于银行资产负债表内，投资者不仅对基础资产具有优先追索权，对发起人也有追索权，而且投资者对基础资产具有优先权益，这种安排显著地降低了投资者面临的违约风险。其二，担保债券的资产担保池是动态的，如果担保池中某些资产的质量下降，银行必须用其他优质资产、现金或现金等价物替代不良资产，而且发起人必须自始至终维持超过资产担保债券名义价值的资产池，公共或独立的监督机构将定期对担保池的资产价值进行检测并向投资者报告。① 例如，欧盟资本要求指令（CRD）规定居民住房抵押贷款的贷款价值比（LTV）最高为 80%，商业住房抵押贷款的 LTV 最高为 60%，而欧洲各国可能会据此制定更加严格的规定。相比之下，一般资产证券化的基础资产池主要是静态的，并未设立类似的资产替换机制。这种独特的资产替换机制显著提高了 CB 的安全性。因此，金融危机爆发后，随着投资者风险偏好的下降，担保债券的吸引力不降反升。

表 4-2　担保债券和 ABS 的特点及区别

	担保债券	资产支持证券
发起动机	再融资	降低风险、监管套利、再融资
发起人	贷款发起者	特殊目的机构
对发起人的追索权	有	没有
资产是否留表	基础资产保留在表内，但隶属于担保池	基础资产将转移至 SPV
对发起人资本要求的影响	没有	降低
对发起人和合格抵押品的限制	有	没有
资产池管理	动态的	主要是静态的
资产池透明度	透明度有限，但是托管人或评级机构会控制基础资产的质量	透明度一般较高
提前偿付风险	不会影响投资者	通常会传递给投资者
分层	无	较普遍
利息	主要是固定利息	主要是浮动利息
投资者	主要是商业银行	主要是管道和 SIV

资料来源：Packer 等（2007）。

① 资料来源：中国人民银行，http://www.pbc.gov.cn/publish/goujisi/ 760 /1140/ 11402/ 11402_.html。

三 欧洲资产证券化的特点

与美国资产证券化实践相比，欧洲资产证券化具有两个显著特点：其一，表内资产证券化盛行；其二，2008 年全球金融危机爆发后，欧洲的留置证券化获得快速发展。

（一）表内资产证券化盛行

美国资产证券化业务以表外证券化为主，而欧洲资产证券化以表内证券化为主。在表外证券化模式下，发起人将基础资产真实出售给 SPV，实现资产出表，基础资产与发起人实现破产隔离，即投资者对发起人的其余资产没有追索权，当发起人破产时，发起人的债权人对已出售的资产也没有追索权。在表内证券化模式下，基础资产仍然留在发起人的资产负债表内，投资者不仅对基础资产具有优先追索权，对发起人的其余资产也具有追索权，但是，当发起人破产时，发起人的债权人对已证券化的基础资产没有追索权。

CB 属于典型的表内证券化产品，是欧洲最重要的结构性融资产品，超过 MBS 和 ABS 等表外资产证券化产品的规模。欧洲表内资产证券化盛行的原因大致可归结为以下三点。

其一，欧洲对于 CB 市场发展的大力支持。首先，欧洲制定了相对统一的法律法规支持 CB 的发展。1988 年，欧洲《可转让证券共同投资计划指令》（ *Directive on Undertakings for Collective Investments in Transferable Securities*, UCITS）第 22（4）条款对资产担保债券的相关特征做出最低要求，为资产担保债券在几个不同的欧洲金融市场监管领域的特别处理提供了基础。该条款规定，CB 的发行人必须是信贷机构；CB 的发行必须由专门法律所监管；发行机构必须处于审慎的公共监管之下；合格担保资产必须由法律做出规定；担保资产池必须提供足够的抵押，为债券持有人在债券全部期限内的债权提供担保；万一发行人违约，债券持有人对担保资产池具有优先的要求权。其次，有利的监管环境。欧盟《资本要求指令》(*Capital Requirements Directive*，CRD）规定，如果 CB 满足 UCITS 第 22（4）条款的标准，那么资产担保债券可以从特殊信用风险差异（Privileged Credit Risk Weightings）中受益，例如，满足要求的担保债券的加权风险为 10%，不满足要求的担保债券的风险加权为 20%。最后，欧洲各国相继引入大额模式（Jumbo Model）来标准化 CB 的发行，以增加 CB 市场的流动性。大额模式特点是最低发行规模为 10 亿欧元，必须为普通固定利息债券，可赎回，必须在有组织的市场（一般是电子平台）上市交易，至少有三家做市商进行实时报价以维持市场的流动性（Renzo，2007）。

其二，欧洲没有房利美和房地美这样的机构来支持 RMBS 的发展。众所周知，GSE 在美国资产证券化发展过程中发挥着举足轻重的作用，只要商业银行发起的住房抵押贷款符合 GSE 事先确定的标准，商业银行就可以将这些抵押贷款出售给 GSE，GSE 则通过设立 SPV 并以其信用为担保发行 MBS。GSE 拥有的准政府信用极大地提高了 MBS 的安全性和流动性，从而提高了投资者的投资意愿，为后来美国私人资产证券化的发展创造了良好的环境。但是，欧洲证券化的发展主要靠市场推动，在没有政府信用担保的前提下，金融机构需要依赖更多的信用增级来提高证券的信用等级，这并不利于降低融资成本。因此，欧洲各国抵押贷款证券化产品的信用等级普遍比美国低，市场发展也因此明显滞后。在这一背景下，双担保结构显著提高了 CB 的安全性，有利于降低融资成本，从而成为欧洲资产证券化的主流产品。

其三，欧洲采用的是国际财务报告准则（IFRS），而美国采用的是美国通用会计准则（GAAP）。BIS（2011）指出，通过证券化将资产转移出资产负债表并不总是容易的，难易程度因不同的制度标准而异，IFRS 在这方面的要求比 GAAP 严格得多。例如，根据 IFRS，西班牙新会计准则规定，如果没有转移风险，证券化资产就必须停留在表内（Martín-Oliver and Saurina，2007）。换言之，资产出表的难易程度也塑造了美国偏重于表外证券化而欧洲偏重于表内证券化的格局。

（二）2008 年全球金融危机爆发后，留置证券化快速发展

2008 年全球金融危机爆发后，金融市场出现了一种新的证券化形式——留置证券化（Retained Securitization）。金融稳定委员会（FSB）将留置证券化定义为，"完成这些证券化交易的唯一目的只是利用证券化来创造抵押品，用于获取来自央行的资金，而并没有出售给第三方投资者的意图"。因此，在留置证券化交易中，通过特殊目的载体发行的所有证券化资产都会被发起银行持有并保留在其资产负债表上。2007 年上半年之前，欧洲留置证券化的占比几乎为 0，而从 2007 年下半年开始，欧洲留置证券化的比重迅速攀升，一度高达 100%。2007 年 8 月至 2013 年 7 月，欧洲发行的留置证券化产品的平均市场占比超过了 70%。

发起人构造并保留证券化产品的主要目的是向中央银行申请再融资以解决流动性短缺问题，因此，留置证券化在欧洲快速发展与欧洲中央银行实施的货币政策有关。2008 年全球金融危机爆发后，信息不对称以及交易对手方风险上升等因素导致银行间市场的流动性枯竭。为了缓解银行间市场流动性枯竭的问题，欧洲中央银行积极运用包括主要再融资操作（Main Refinancing Operations，MRO）、长期再融资操作（LTRO）、微调操作（Fine-tuning Operations）和结构性操作（Structural Operations）等在内的公开市场工具，

向商业银行和金融市场提供流动性。欧洲中央银行公开市场操作主要通过逆向交易（Reverse Transactions）、直接交易（Outright Transactions）、货币互换（Foreign Exchange Swap）、发行债券（ECB Debt Certificates）和定期存款（Fixed-term Deposits）五种工具来实现。其中，逆向交易是指通过回购协议购买合格金融证券或抵押贷款方式开展信贷的过程，这是欧洲中央银行公开市场操作最主要的工具。同时，欧洲中央银行扩大了合格担保品的范围，逐渐将 MBS、ABS 等证券化产品纳入合格担保品范围。据统计，2004 年，结构性融资产品占欧洲中央银行再融资担保品的比重仅为 4%，2007 年，该比重上升至 18%，2008 年进一步上升至 28%（Fitch，2010）。

在 2008 年全球金融危机中，美国金融市场遭到了重创，但是美国并没有出现显著的留置证券化。这主要包括两方面的原因。其一，金融危机中，美国私人资产证券化业务遭受重创，以"两房"为代表的资产证券化业务受到的影响偏小。商业银行仍然可以继续将符合要求的住房抵押贷款出售给房地美或房利美，以获取流动性。其二，不同于欧洲中央银行，美联储的货币政策以在公开市场买入或出售证券为主，发起人并没有激励进行留置证券化。

留置证券化的出现凸显了资产证券化在金融市场中的重要性。金融危机前夕，资产支持证券被广泛用作回购协议的担保品，以及支持商业票据（ABCP）管道的资产，以解决国债和联邦机构债等传统安全资产供给不足的问题。回购市场和 ABCP 市场是主要的货币市场融资工具，在影子银行体系中主要扮演期限转换的角色。通过资产证券化、回购协议或者 ABCP 管道，影子银行体系将高风险的、低流动性的信贷资产转变成符合投资者要求的低风险的、高流动性的短期金融资产。由此可见，资产支持证券在私人流动性供给过程中发挥了积极的作用。次贷危机使得资产证券化的安全性受到广泛质疑，导致经济体中担保品萎缩，大大降低了私人部门提供流动性的能力。最终，不得不依靠中央银行的最后贷款人机制来解决金融市场流动性短缺的问题。欧洲中央银行将担保品的范围扩大至资产支持证券，美联储将量化宽松的债券购买范围扩展至 MBS，这些做法均间接地承认了资产支持证券在提供流动性方面发挥的重要作用。

四 小结

欧洲在学习借鉴美国资产证券化经验的过程中，发展出了整体业务证券化、中小企业贷款证券化以及资产担保债券等具有欧洲特色的资产证券化业务。总体来说，欧洲的资产证券化呈现两大特点：其一，表内证券化盛行，担保债券、整体业务证券化以及德国的合成型中小企业贷款证券化都属于表内证券化的范畴；其二，2008 年全球金融危机过后，欧洲的留置证券化迅速发展，这一点充分体现了资产证券化在安全资产创造方面发挥的重要作用。

欧洲资产证券化的实践，至少能够为中国提供以下三个方面的重要启示。

其一，欧洲表内资产证券化模式值得借鉴。金融危机过后，以"发起并分销"（Originate-and-Transfer）为主要特征的表外资产证券化受到了诸多批评。很多研究认为，资产证券化增加了发起人的道德风险，即在"发起并分销"模式下，商业银行成为贷款的中转站，不断将其生产的贷款通过证券化转移至表外，削弱了商业银行严格执行贷款审核标准的激励，导致银行对信贷资产风险的关注度下降，从而转为更加注重信贷数量而非质量（Keys et al., 2010; Gorton and Metrick, 2012b）。而在表内证券化模式中，担保资产仍然位于银行资产负债表内，因此，商业银行面临的道德风险较低。另外，CB 的构造不仅采用双担保结构，还引入了资产替换机制，这大大提高了 CB 的安全性。金融危机爆发后，投资者对 MBS 等一般证券化产品的投资意愿减弱，导致其发行规模大幅下降，然而 CB 却能在金融危机期间持续上升，并逐渐成为商业银行的替代性融资来源。另外，CB 属于表内融资，银行需要为此保留一定的资本金，这能够在一定程度上抑制银行杠杆率的上升。

其二，借鉴 WBS 模式，为基础设施建设提供多样化融资。基础设施建设对推进城镇化具有重要意义。目前中国基础设施建设资金主要通过财政拨款、地方融资平台债券和银行贷款三个渠道来筹措。但是，财政拨款额度有限，难以满足大规模的资金需求；城投债和银行贷款都严重依赖于地方政府财政收入。基础设施投资具有投资回收期长、现金流稳定的特点，因此，可以考虑将资产证券化引入基础设施建设融资中以减少地方政府的财政负担。当前，中国已经在这方面进行了尝试，例如，通过券商专项资产证券化和资产支持票据（Asset Backed Note，ABN）两种证券化模式将基础设施收益权、公用事业未来收益权和政府回购应收款等未来现金流进行证券化，但是规模仍然很低，尚有很大的发展空间。

其三，通过加大公共部门对中小企业贷款证券化的支持，来促进中小企业贷款证券化的发展，缓解中小企业融资难问题。中小企业融资难一直是困扰中国经济发展的难题。虽然，中国近几年通过成立村镇银行和小额贷款公司等小微金融机构致力于促进中国普惠金融的发展，但是，这些机构普遍面临融资来源不足的问题，这严重限制了其贷款发放能力。在这方面，中国政府可以借鉴欧洲中小企业贷款证券化的经验，由政府成立中小企业贷款和"三农"贷款证券化平台，或者提供信用增级，促进中小企业贷款和农业贷款证券化，促进中国普惠金融的发展。

第五章

日本资产证券化实践

与美国和欧洲相比，亚洲资产证券化的起步整体较晚。虽然在 20 世纪 90 年代初期，亚洲就出现了资产证券化，但是亚洲资产证券化的快速发展是在 1997 年亚洲金融危机之后。资产证券化一度被日韩等国作为处理不良资产、解决金融市场资金短缺问题的重要工具。日本是亚洲资产证券化发展最早、市场规模最大的国家。日本是中国的近邻，两国在金融结构、法律体系和传统文化等方面有着诸多共同点，与欧美资产证券化相比，日本的资产证券化实践可能对中国资产证券化发展更有启示意义。

本章将介绍日本资产证券化实践及其对中国的启示。本章的结构安排如下：第一部分概览日本资产证券化的发展现状，第二部分总结日本资产证券化的典型特征，第三部分总结日本资产证券化实践对中国的启示。

一 日本资产证券化发展概况

早在 20 世纪 90 年代的东南亚金融危机爆发前，日本就开始了资产证券化的尝试和探索，但操作过程复杂，且面临严格限制。日本通产省在 1992 年颁布了《特债法》(*Special Claims Law*)，对资产证券化有诸多限制，例如，发行人仅限于少数取得通产省执照的特殊目的公司与信托银行，基础资产仅限于租赁债权、消费性分期付款债权和信用卡债权等。

东南亚金融危机爆发后，为了解决银行面临的不良贷款率上升以及流动性短缺等问题，日本加快了资产证券化发展的步伐。日本政府于 1998 年出台了《特殊目的公司法》，大幅放宽可供证券化的基础资产种类。2000 年 5 月，日本修订《特殊目的公司法》，并更名为《资产流动化法》，进一步放松了资产证券化相关管制。《特殊目的公司法》是日本资产证券化实践的基本法，为日本资产证券化的发展创造了良好的条件，促使日本资产证券化市场的规模迅速扩大。

不同于欧美市场，日本资产证券化的发展先从资产支持证券（ABS）开始，之后是以公司债券和贷款为基础资产的担保债务凭证（CDO），直到 2002 年，住房抵押贷款支持证券（MBS）才成为日本资产证券化市场中最主要的产品。根据日本证券交易商协会（Japan Securities Dealers Association, JSDA）的数据统计，截至 2015 年 3 月，日本资产证券化市场的规模为 17.07 万亿日元（约为 0.14 万亿美元 [①]）。美国证券业和金融市场协会（Securities Industry and Financial Markets Association，SIFMA）的数据显示，2015 年第

[①] 按照 2015 年第一季度美元兑日元中间汇率平均值（122）换算，数据来源于 Wind 数据库。

一季度，美国资产证券化市场的规模为 10 万亿美元，欧洲资产证券化市场的规模为 1.37 万亿欧元（约为 1.55 万亿美元①），由此可见，日本资产证券化市场的规模要显著小于美国和欧洲。从 2004 年至 2014 年的发行规模来看（见图 5-1），在全球金融危机爆发前几年，日本资产证券化产品的发行规模迅速攀升，但金融危机后，证券化产品的发行规模显著下降。

从基础资产来看，日本的资产证券化产品大致可以分为 MBS、CDO和 ABS 三类。截至 2015 年 3 月，日本 MBS（包括住房抵押贷款支持证券 RMBS 和商业地产抵押贷款支持证券 CMBS）的余额为 14.96 万亿日元，占日本证券化余额的 88%，其中 RMBS 为 14.55 万亿日元，占 MBS 余额的比重为 97%。ABS（基础资产包括租赁、消费贷款、购物信贷、应收款和商业账单等）的规模为 1.83 万亿日元，CDO 的规模仅为 0.28 万亿日元。从发行规模来看，RMBS 一直占据着主导地位，特别是在 2008 年全球金融危机之后，其他种类证券化产品的发行规模显著下降（见图 5-1）。

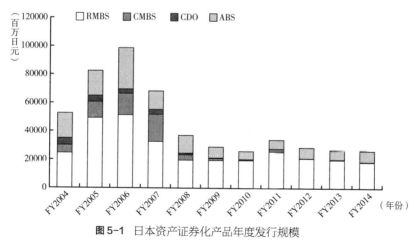

图 5-1　日本资产证券化产品年度发行规模

注：FY 表示 Fiscal Year。

资料来源：JSDA。

---

① 按照 2015 年第一季度欧元兑美元汇率平均值（1.13）换算，数据来源于 Wind 数据库。

从证券化产品的最终形态来看，日本资产支持证券主要包括债券和信托收益权两类，信托收益权主要由信托银行发行。截至 2015 年 3 月，日本债券类证券化资产的余额为 12.51 万亿日元，信托收益权类证券化资产的余额为 4.18 万亿日元。如图 5-2 上图所示，从历年发行规模来看，全球金融危机前夕，信托收益权类的发行规模要大于债券类，但从 2007 年起，信托收益权类证券化资产

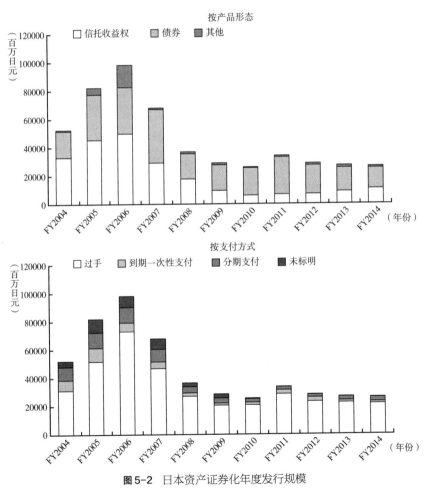

图5-2 日本资产证券化年度发行规模

注：FY 表示 Fiscal Year。

资料来源：JSDA。

的发行规模出现断崖式萎缩。两类证券化产品形态体现了日本两种不同的资产证券化模式，即 SPV 模式和信托银行模式。前者为基本的资产证券化模式，由发起人将基础资产出售给 SPV，SPV 再经过信用增级，并将基础资产证券化，出售给投资者。后者为日本特殊的资产证券化模式，在此模式中，SPV 仅扮演辅助角色，投资者所购买的最终产品也体现为信托收益权（赵旭，2010）。

从证券化产品的支付方式来看，日本的资产支持证券以过手证券[①] 为主，到期一次性支付和分期支付所占比例较低（见图 5-2 下图）。这主要是因为日本最主要的资产支持证券发行人住房援助机构（Japan Housing Financing Agency，JHF）所发行的 RMBS 为过手债券，即 SPV 并不对基础资产产生的现金流进行任何剥离和重组。

二 日本资产证券化的典型特征

与美国和欧洲的资产证券化相比，日本的资产证券化市场具有如下典型特征。

（一）信托银行积极参与资产证券化

日本的信托银行，是指在依照银行法设立的银行中，依据关于金融机构兼营信托业务的法律，获准兼营信托业务，并且以信托业务为主的银行（陈思翀，2013）。在日本的资产证券化实践中，除了帮助 JHF 和商业银行成立

①　转付型（Pay-through）证券化会根据投资者对风险、收益和期限等的不同偏好，对基础资产产生的现金流进行剥离和重组；过手型（Pass-through）证券化并不对基础资产产生的现金流进行任何剥离和重组。

特殊目的机构、管理证券化基础资产外，信托银行还会直接从事资产证券化业务，即信托银行模式。

在信托银行模式中，发起人将基础资产出售给信托银行，信托银行经过信用增级后，分别发行优先信托收益权和次级信托收益权，以供一般投资者和发起人购买（见图5-3模式1）。次级信托收益权为优先信托受益权提供了信用增级，债券质量越差，或者优先信托收益权的信用等级越高，次级信托收益权的规模就越大（赵旭，2010）。

在实际操作中，SPV模式和信托银行模式既可以单独使用也可以搭配使用。例如，可以将信托银行发行的信托收益权出售给特殊目的机构，再由特殊目的机构转发成债券，以满足那些偏好证券而非信托收益权的投资者的需求（见图5-3模式2）。此外还有一种更为复杂的合作模式（见图5-4）：首先，发起人将证券化基础资产出售给信托银行，取得信托银行发行的信托收益权；其次，发起人在取得信托收益权后，向SPV（A）改发优先信托收益权（优先信托收益权的规模小于第一阶段的信托收益权的规模），此时，另一家银行将向SPV（A）提供资金支持，帮助其购买优先信托收益权，该银

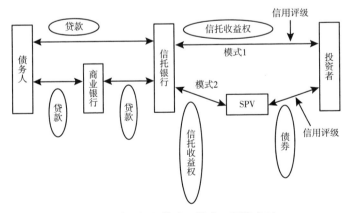

图5-3　信托银行模式（模式1和模式2）

资料来源：笔者自行绘制。

行再将这一过程中形成的债权出售给 SPV（B），SPV（B）再据此债权为基础资产，经过信用增级等程序发行资产支持证券（楚天舒和毛志荣，2006）。

中国影子银行体系中的银信合作与日本的信托银行模式类似。但不同之处在于，日本信托银行发行的优先信托收益权接受信用评级，具有较高的流动性，投资者为一般金融市场投资者；而中国银信合作中的信托收益权并未接受信用评级，流动性极低，投资一般为商业银行筹集的表外资金，例如，银行理财产品。

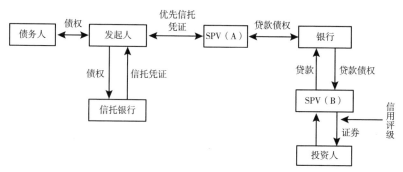

图 5-4　信托银行与特殊目的机构合作模式

资料来源：楚天舒和毛志荣（2006）。

（二）政府支持机构在居民住房抵押贷款证券化过程中发挥着主导作用

日本住房援助机构是日本 RMBS 最主要的发起人。截至 2015 年 3 月，JHF 发行的 RMBS 余额为 11.05 万亿日元，其他金融机构发行的 RMBS 余额仅为 3.51 万亿日元。RMBS 其他发起人包括商业银行、信托银行、区域银行以及非银行的金融机构。2008 年全球金融危机爆发后，这些部门资产支持证券的发行规模都大幅萎缩（见图 5-5）。

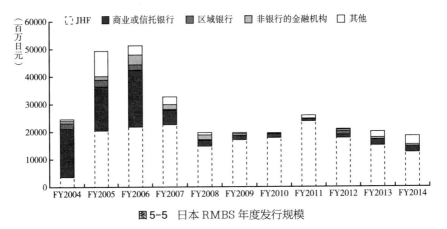

图 5-5 日本 RMBS 年度发行规模

注：FY 表示 Fiscal Year。

资料来源：JSDA。

与"两房"类似，JHF 也属于政府支持机构。JHF 的前身是政府住房贷款公司（Government Housing Loan Corporation，GHLC）。GHLC 是日本最大的住房抵押贷款提供者，是日本政府为了支持本国房地产市场发展，于二战后成立的政府支持企业的公司。2001 年小泉内阁施行财政改革，使 GHLC 的职能由原先的一级市场放贷转向二级市场证券化。2007 年，GHLC 改组为 JHF，主要从事居民住房抵押贷款证券化业务，即购买私人金融部门发行的居民住房抵押贷款，将其打包后发行 RMBS，或者为私人金融部门发行的 RMBS 提供担保服务。

JHF 发行 MBS 的流程如图 5-6 所示。首先，私人金融机构发行符合 JHF 标准的长期固定利率抵押贷款（被称作 Flat 35 贷款），并将其出售给 JHF；其次，JHF 将 Flat 35 贷款委托给与其有信托协议的信托银行；最后，由信托银行负责建立第三方受益信托发行 MBS。JHF 每个月会发行一次这种 MBS，因此又被称作 JHF monthly MBS，JHF monthly MBS 的平均期限在 8 年至 10 年。此外，JHF 还会发行以之前的 GHLC 住房抵押贷款为基础资产的 MBS，被称为 S-series MBS，这种 MBS 的期限一般在 8 年左右。

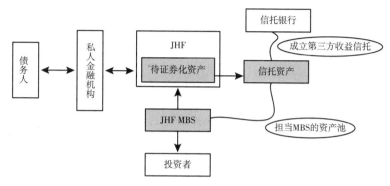

图 5-6　JHF MBS 发行模式

资料来源：JHF 官方网站。

　　JHF 以自身信用担保 MBS 本息的支付，但是如果资产池中出现违约贷款，JHF 仅支付与之有关的本金和利息三个月，在第四个月的时候，JHF 将购回违约的住房抵押贷款，将其剔除资产池，提前向 MBS 持有者偿付这笔违约贷款，以保持资产池的健康。①JHF 发行的 MBS 均为过手债券，因此，JHF 仅承担了 MBS 的信用风险，投资者仍面临提前偿付风险。JHF 本身的信用评级仅为 AA-（标普评级），因此，JHF 会通过超额担保的方式使其所发行的 MBS 获得 AAA 评级，这一机制充分体现了资产证券化的精髓，即资产支持证券的评级更多地依赖于基础资产的质量和结构，而非发起人的信用。

　　有意思的是，JHF 还设立了一个名为收益凭证引发事件（Beneficiary Certificate Trigger Event）的机制，一旦发生收益凭证引发事件（主要是针对 JHF 破产倒闭的情形），JHF MBS 持有者的权利将终止，并转换成信托凭证，这些信托凭证仅以信托资产为担保，此时，MBS 本息的偿付将优先于超额担保的部分，在此之前，MBS 和超额担保资产将同时按比例获得本息偿付（JHF，2014）。

---

①　对于 S-series MBS 和 2007 年 4 月前发行的 monthly MBS，JHF 会用同等条件的正常贷款替代违约的贷款，以保持资产池的健康。

（三）日本房地产投资信托在不动产证券化过程中发挥了重要作用

房地产投资信托（Real Estate Investment Trust，REITs）是一种证券化的产业基金，它通过发行收益凭证汇集投资者的资金，并将其用于购买房地产项目，委托专门从事房地产经营活动的投资公司进行经营管理，再将投资收入通过派息的方式分配给投资者（古川令治和张明，2006）。REITs 分为权益型（Equity）、抵押型（Mortgage）和混合型（Hybrid）三种，权益型 REITs 是自己持有房地产，将房地产租金等收入作为主要来源，主要投资对象包括购物中心、公寓、医疗中心、写字楼、工业区、酒店、游乐区等；抵押型 REITs 是将资金以抵押贷款的形式借贷给房地产开发商，或是购买抵押贷款、抵押贷款支持证券，以赚取利息为主要收入来源；混合型 REITs 是前两类 REITs 的组合。随着时间的推移，权益型 REITs 逐渐占据主导地位，2014 年，美国权益型 REITs 占美国 REITs 总市值的比重为 93%。

REITs 一般为公开发行，投资者既可以长期持有收益凭证，也可以在证券市场上转让收益凭证。因此，与房地产投资相比，REITs 投资的流动性更强，而且，REITs 在大大降低房地产投资资金门槛的同时，充分发挥了房地产投资的规模效应和专业化优势（Jain，2015）。REITs 免交企业所得税，但必须满足以下条件：必须将 90% 以上的年度应税收入作为股息分配给投资者；必须将 75% 以上的资产配置于不动产、房地产抵押贷款、其他 REITs 份额、现金或政府债券；总收入中至少有 75% 来源于租金、抵押贷款利息以及不动产物业出售实现的利得，至少有 95% 是来源于以上资源加上股息、利息及证券出售的利得（Ruhmann et al.，2015）。

日本发行的 REITs 简称 J-REITs，其在日本不动产证券化过程中扮演着重要的角色。日本是亚洲第一个开展 REITs 业务的国家，自 2001 年 9 月成立两只 REITs 以来，截至 2015 年 3 月，日本发行 REITs 的数量已经增加至 51 只。如图 5-7 所示，2001 年至 2008 年上半年，J-REITs 的数量从 2 只上升至 42 只，2008 年金融危机期间，J-REITS 的数量显著下降，2012 年下降至 34 只，2012 年后 J-REITs 数量又开始回升；2001 年至 2007 年 5 月，J-REITs 的市值从 2460 亿日元上升至 6.8 万亿日元，2008 年金融危机期间，J-REITs 丢失了 2/3 的市值，2009 年 3 月起，J-REITs 的市值逐渐恢复，截至 2015 年 3 月，J-REITs 的市值已经上升至 10.7 万亿日元。

虽然美国是全球最大的 REITs 市场，但是其在美国不动产证券化中的作用不及 J-REITs 在日本不动产证券化中的作用。2014 年，美国共有 216 只 REITs，总市值为 9074 亿美元，但同期，美国住房抵押支持证券（MBS）的规模为 8.7 万亿美元，REITs 的市值仅占 MBS 规模的 10.4%，而且这已经是历史最高值，2011 年至 2014 年，美国 REITs 平均市值占 MBS 平均规模的

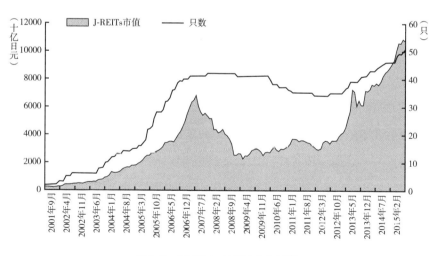

图 5-7　J-REITs 市值及上市只数

注：左轴为 J-REITs 市值，右轴为只数。

资料来源：日本不动产证券化协会，https://www.ares.or.jp。

比重仅为 7.5%。^① 截至 2014 年底，日本共拥有 49 只 REITs，平均总市值为 8.65 万亿日元，同期，日本 MBS 的规模为 15 万亿日元。J-REITs 的市值是 MBS 规模的 57.7%，2011 年至 2014 年，J-REITs 的平均市值是 MBS 平均规模的 36%。^② 由此可见，虽然 J-REITs 在数量和市值上都远低于美国 REITs，但是 J-REITs 在日本不动产证券化中的作用要显著大于美国。J-REITs 是日本房地产交易中最大的买家，显著地刺激了日本的房地产交易，已经成为日本金融机构和企业清理账面资产重要的方式之一。

与美国相比，J-REITs 的监管更为严格。其一，日本法律规定，J-REITs 必须采用外部管理模式，即 J-REITs 的发起人必须是资产管理公司，如果发起人想投资于不同类型的房地产，其可以成立多个 J-REITs^③。其二，与美国 REITs 相比，J-REITs 没有 UPREIT 条款。在 UPREIT 条款中，如果企业通过伞形合伙关系将部分资产分离出去成立 REITs，或者将持有的物业资产交给 REITs 经营，无须缴纳交易所得税。但在日本，如果企业将不动产或物业转移给 REITs，将缴纳交易所得税。

（四）立法先行为日本资产证券化的稳健发展提供了法律保障

立法先行是日本资产证券化发展的一大特点。20 世纪 80 年代中后期，为了应对巴塞尔协议 I 最低资本充足率要求实施可能对商业银行造成的资金

---

① 美国 REITs 数据来源于 NAREIT 网上数据库，MBS 数据来源于 SIFMA。

② J-REITs 市值为月度数据平均值；日本 JSDA 官网在 2011 年 12 月和 2012 年 9 月分别公布了一次 MBS 余额，从 2013 年起每半年公布一次（3 月和 9 月）MBS 余额。

③ 一般而言，REITs 有两种典型的运作方式：其一，成立特殊目的载体（SPV）向投资者发行收益凭证，将所募集的资金集中投资于房地产及其相关金融资产，并用获得的收益向投资者支付股息；其二，由房地产或物业开发商将旗下部分或全部经营性物业资产打包，设立专门的 REITs，并将所获收益均等地分成若干份出售给投资者，并定期派发红利。

压力，日本相关单位就开始关注并研究资产证券化。1998 年，日本大藏省颁布《特殊目的公司法》，并采用统一立法模式，就金融资产或不动产等资产证券化创设了一套完整的法律制度，并为资产支持证券建立起二级市场。而在《特殊目的公司法》制定之前，日本是采用分散立法的模式针对不同的金融资产制定各种不同的流动化法制，严重限制了日本资产证券化规模的扩大和二级市场的发展。与日本不同，美国属于海洋法系国家，没有针对资产证券化的专门立法，而是以散落在联邦和州的法律、会计和税务处理中的各种规范为基础，再以海洋法系特有的判例法灵活地适应市场的变化和多样化的需求，从而保持资产证券化法律体系的完整性和有效性（楚天舒和毛志荣，2006）。

三 小结

综上所述，日本的资产证券化实践至少可以给中国资产证券实践提供以下几点启示。

首先，借鉴信托银行模式，充分发挥中国信托企业在盘活资金方面的作用。信托企业是中国式影子银行体系的代表，截至 2015 年第一季度，中国信托资产余额已达 14.4 万亿元，占 2014 年 GDP 的比重为 23%（见图 5-8）。2010 年，在经历了四万亿元的大规模经济刺激后，中国政府宏观调控方向发生转变，信贷调控总量大幅收缩，并对房地产和地方融资平台等行业实施重点调控。为了突破贷存比、信贷投向、贷款额度和利率管制，商业银行通过发行银行理财产品的方式筹集资金，并将其用来购买信托公司成立的信托计划所发行的信托受益权（直接购买或者经过过桥企业），信托公司利用发行信托受益权筹集的资金向企业和地方融资平台发放贷款，或者购买商业银行的表内贷款，商业银行借此将表内贷款转移至表外，或直接将表内信用中介表外化，这就是典型的"银信合作"。这一过程中成立的信托计划大部分属于商业银行委托成立的单一资金信托，资金运用在很大程度上受到银行的控制，透明度极低，风险仍然停留在商业银行，而且这一过程中创造出来的信托受益权并没有接受评级，标准化程度较差，难以在二级市场流转。随着针对影子银行体系的监管逐渐趋严，以及经济下行压力逐渐加大，中国信托业步入了转型发展期。

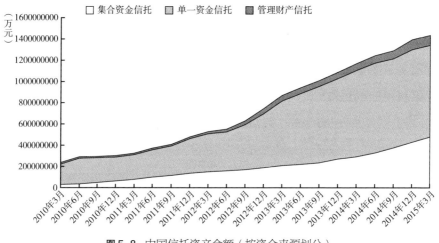

图 5-8　中国信托资产余额（按资金来源划分）

资料来源：中国信托业协会。

在此方面，我们认为中国可以借鉴日本的信托银行模式，让信托企业深入参与到资产证券化过程，而不仅仅局限于当前设立特殊目的信托的范围。信托企业可以自己设立特殊目的信托，购买商业银行和小贷公司的信贷资产，经过信用增级和评级，再向投资者发行信托收益权，充分发挥中国信托企业在盘活资金方面的作用。

其次，政府支持有利于证券化市场的培育。与美国类似，政府支持机构在促进日本住房抵押贷款证券化方面发挥了关键的作用。总的来说，政府支持有以下三个方面的优势。其一，政府支持可以发挥规模效应，降低交易成本。政府支持机构可以汇集多个商业银行发行的信贷，提高单笔证券化业务的发行规模，从而降低交易成本。其二，政府支持机构发行的资产支持证券通常具有较高的评级，有利于降低资产支持证券的融资成本。其三，政府支持有利于扩大证券化市场的规模，进而挖掘证券化市场的深度，并对私人部门证券化产生正向溢出效应。因此，中国政府可以考虑成立类似于"国家住房银行"的政府支持机构，从商业银行手中购买符合标准的居民住房抵押贷款，并将其进行证券化，提高居民住房抵押贷款的流动性，从而增强商业银行发放居民住房抵押贷款的意愿，增加居民对住房消费的需求。但同时，我们也应该吸取美国的教训。其一，"国家住房银行"享有准政府信用，因此，应将"国家住房银行"纳入监管，防止可能发生的道德风险。例如，必须要求其按照标准购入符合要求的住房抵押贷款，以保证 MBS 资产池的健康；接受资本充足率和杠杆率监管，防止资本缓冲不足。其二，警惕贷款发起人的道德风险。在以资产证券化为核心的"发起并分销"模式下，商业银行等贷款发起人成为贷款的中转站，不断将其生产的贷款通过证券化转移至表外，削弱了商业银行严格执行贷款审核标准的激励，导致银行对信贷资产风险的关注度下降，从而转为更加注重信贷数量而非质量（Keys et al.，2010；Gorton and Metrick，2012b）。

再次，发展 REITs 市场，为房地产开发融资，降低房地产投资门槛。目前，中国房地产开发资金主要依靠自筹资金、银行贷款和影子银行渠道（例如，房地产信托、券商资管、保险资管和基金子公司）。中国的 REITs 市场发展非常落后，直到 2015 年 6 月 26 日才发行了国内第一只公募 REITs 基金"鹏华前海万科 REITs 封闭式混合型发起式投资基金"。中国应当鼓励 REITs 市场的发展：其一，REITs 有利于促进房地产金融的发展，为房地产开发提供资金支持；其二，REITs 能显著降低房地产投资的门槛，丰富中国金融市场投资品种，使得广大居民能够分享到房地产投资的收益；其三，REITs 在一定程度上能协助金融机构和企业处理不良资产，例如，REITs 不仅可以从商业银行手中购买抵押贷款，还可以购买丧失抵押赎回权的房地产和物业，或是购买企业剥离的房地产及物业，自行经营，帮助商业银行和企业清理账面资产。在本轮中国房地产市场的下行过程中，REITs 可能迎来重大的发展机遇。

最后，完整的资产证券化立法是资产证券化蓬勃发展的关键。从日本的资产证券化实践可知，日本大藏省于 1998 年颁布的《特殊目的公司法》极大地促进了日本资产证券化的发展。制定专门的资产证券化法将有利于解决与现行法律体系相冲突而造成的资产证券化发展问题，从而为资产证券化发展创造良好的环境。当前，中国尚无针对资产证券化的专门立法，而是由银监会和证监会分别针对信贷资产证券化和券商专项资产证券化制定的一系列管理办法和指引。由于没有统一的立法，中国资产证券化市场呈现多头监管（银监会、证监会和交易商协会）与市场分割（银行间市场和交易所市场）的问题。资产证券化各个环节与现行《商业银行法》、《公司法》、《破产法》和《担保法》等法律法规尚存在诸多冲突，例如，根据《合同法》的规定，有关债权转让必须通知债务人，这明显增加了资产证券化的发行成本，这可能是中国当前住房抵押贷款证券化业务较少的重要原因；《担保法》限制了政府及政府支持机构的担保行为（李健男，2004），这使得在中国难以推行与日本 JHF 类似的证券化业务。中国与日本一样同属大陆法系，有必要制定专门的资产证券化法促进中国资产证券化的发展。

第三部分
资产证券化的中国实践

第六章

中国资产证券化现状及特征

中国的资产证券化实践起步较晚。直到 2005 年，银监会颁布《信贷资产证券化试点管理办法》，中国才拉开资产证券化的帷幕。自 2005 年中国政府启动资产证券化实践以来，资产证券化进程在中国一波三折。特别是在 2009 年至 2011 年期间，受美国次贷危机爆发影响，中国的资产证券化步伐一度停止。直到 2012 年 5 月，央行才决定重新启动资产证券化。2013 年 8 月，国务院总理李克强召开国务院常务会议，决定进一步扩大信贷资产证券化试点。此后，中国资产证券化迅速发展，仅 2014 年，中国资产支持证券的发行量就达到 3247 亿元，超过 2005 年至 2013 年的总和，发行频率显著加快，发行主体也更加多元化。

一 中国资产证券化的发展现状

早在 20 世纪 90 年代初，中国就已出现资产证券化萌芽。1992 年，三亚开发建设总公司以三亚市丹州小区 800 亩土地为标的，以地产开发后的销售权益为基础资产，发行了总额为 2 亿元的三亚地产投资证券。1996 年 8 月，珠海市政府在开曼群岛注册珠海市高速公路有限公司，以当地机动车的管理费及外地过境机动车缴纳的过路费为支持，在美国证券市场发行了 2 亿美元的资产担保债券。[①] 此外，以中国远洋运输公司和中集集团为代表的大型国有企业还成功地开展了应收账款证券化交易。但是，这些交易大多采取了离岸证券化的形式，基本上不涉及境内机构。2005 年，银监会与人民银行先后颁布《信贷资产证券化试点管理办法》和《金融机构信贷资产证券化试点监督管理办法》等一系列法律法规，为信贷资产证券化在国内的发展提供了法律基础，资产证券化实践由此才在中国正式展开。

目前，资产支持证券的规模在中国债券市场中所占的比重依然很小。截至 2014 年底，中国资产支持证券未偿付余额仅占中国债券市场未偿付余额的 0.83%。迄今为止，中国的资产证券化产品主要包括信贷资产证券化、券商专项资产证券化和资产支持票据三种方式，它们的主要区别在于基础资产和审批监管机构不同。截至 2014 年底，上述三种产品的累计发行数分别为 319 只、195 只和 60 只，累计发行规模分别约为 3820 亿元、740 亿元和 194 亿元（见表 6-1）。我们将分别介绍这三种证券化产品的发展历程与具体构造。

[①] 该资产担保债券一部分是年利率为 9.125% 的 10 年期优先级债券，发行额度为 8500 万美元；另一部分是年利率为 11.5% 的 12 年期次级债券，发行额度为 11500 万美元。

表 6-1 中国三类资产证券化产品发行规模和只数

	信贷资产证券化		券商专项资产证券化		资产支持票据	
	规模（亿元）	只数	规模（亿元）	只数	规模（亿元）	只数
2005 年	71.94	7	58.8	4	—	—
2006 年	115.80	7	206.209	31	—	—
2007 年	178.08	16	0	0	—	—
2008 年	302.01	26	0	0	—	—
2009 年	0	0	0	0	—	—
2010 年	0	0	0	0	—	—
2011 年	0	0	12.79	6	—	—
2012 年	192.62	20	31.80	12	57.00	14
2013 年	157.73	16	73.98	29	48.00	18
2014 年	2801.46	227	356.48	113	89.20	28
合计	3819.64	319	740.06	195	194.2	60

资料来源：Wind 数据库。

（一）信贷资产证券化

信贷资产证券化是指将金融机构发放的贷款作为基础资产而进行的证券化。该产品由中央银行和银监会负责审批和监管，其发起人主要包括商业银行、资产管理公司和金融公司。2005 年至 2014 年，中国累计发行了 319 只信贷资产支持证券，规模达 3820 亿元，是三类证券化中规模最大，也是最受市场关注的品种（见表 6 1）。中国的信贷资产证券化实践大致可以分为三个阶段。

第一阶段是 2005 年至 2008 年，信贷资产证券化的发行只数和规模快速增长，发行人也从银行和资产管理公司扩展到诸如汽车金融公司等非传统金融机构。2005 年至 2008 年，央行、银监会、国家税务局和财政部相继单独或联合发布了与信贷资产证券化有关的会计处理、信息披露、登记、托管、交易、结算、操作规则和抵押融资等法律法规，推动了信贷资产证券化业务的快速发展。

第二阶段是 2009 年至 2011 年，中国的信贷资产证券化进程停滞不前。

2008 年 9 月，雷曼兄弟破产，美国以证券化为核心的影子银行体系备受指责。为谨慎起见，中国监管当局停止了信贷资产支持债券的审批发行。

第三阶段是 2012 年至 2014 年。2012 年 5 月，央行、银监会和财政部发布《关于进一步扩大信贷资产证券化试点有关事项的通知》，重启了被搁置三年的信贷资产证券化，首期批准的信贷资产证券化额度为 500 亿元。当然，在再次启动信贷资产证券化方面，监管当局显得十分谨慎，除采取风险自留、信用评级等措施来控制证券化过程中的风险之外[①]，还设置了单个机构持有单只证券不超过 40% 的上限。值得注意的是，2014 年是信贷资产证券化大发展的一年，2014 年全年，信贷资产证券化的发行规模高达 2801 亿元，超过了往年的总和，发行主体和基础资产都更加多元化。2014 年底，银监会相继发布《关于信贷资产证券化备案登记工作流程的通知》和《中国银监会关于中信银行等 27 家银行开办信贷资产证券化业务资格的批复》，将中国信贷资产证券化由审批制改为备案制。2015 年 4 月，中国人民银行宣布信贷资产证券化实行注册制，这意味着信贷资产证券化将从央行和银监会的"逐笔双审批制"改为"银监会备案"和"央行注册"的审核架构。信贷资产证券化进一步简政放权，将显著促进中国信贷资产证券化的繁荣发展。

从基础资产来看，中国信贷资产证券化的基础资产以企业贷款为主，占到所有信贷基础资产种类的 80% 以上，因此，可以说目前中国资产证券化的主要产品是 CLO，以住房抵押贷款为基础资产的 MBS 和以汽车贷款、信用卡应收款为基础资产的 ABS 所占的比重则较小。

信贷资产证券化包括组建资产池、债券设计、发行和发行后管理四个环节。本节将以 2013 年工元一期信贷资产支持证券为例介绍信贷资产证券化

---

① 风险自留要求发起机构须持有不低于全部资产支持证券发行规模的 5%。信用评级要求信贷资产支持证券的发行要由两家评级机构同时进行评级，并要求投资者建立内部信用评级体系，加强投资风险自主判断，减少对外部评级的依赖。

的发行过程（见图 6-1）。首先，工商银行（发起人）将来自全国 15 个分行，向 29 个借款人发放的 63 笔正常类贷款出售给由中海信托（发行人）设立的特殊目的信托（Special Purpose Trust，SPT），此 SPT 以上述贷款资产为基础组建资产池；其次，SPT 根据上述信贷资产池的期限结构和现金流特点，设计发行了三只资产支持证券（13 工元 1AAA、13 工元 1AA 和 13 工元 1 次级，发行规模分别为 30.4 亿元、1.7 亿元和 3.82 亿元），并委托中债资信评估有限责任公司对前两只优先级债券进行评级；再次，SPT 委托中信证券和中国国际金融有限公司为主承销商负责债券的发行，债券发行后可在银行间债券市场进行交易；最后，SPT 委托建设银行进行资金管理，负责将资产池产生的收益通过登记托管机构支付给投资者。

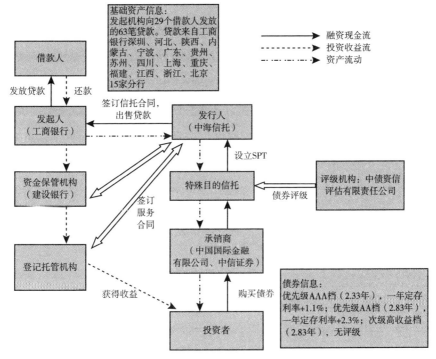

图6-1　2013 年工元一期信贷资产支持证券的发行流程

资料来源：本图由笔者自行绘制，参考了姜超、李宁（2013）。

（二）券商专项资产证券化

券商专项资产证券化是指由证券公司设立 SPV，以计划管理人身份向投资者发行资产支持收益凭证，按照约定用受托资金购买能够产生稳定现金流的基础资产，并将该基础资产所产生的收益分配给受益凭证持有人的专项资产管理业务。券商专项资产证券化由证监会审批和监管，基础资产主要涵盖债权、收益权和不动产三种资产类型[①]，也包括少量的信贷资产（例如，阿里巴巴专项资产管理计划），其是三种证券化业务中基础资产范围最广的。

券商专项资产证券化始于 2005 年。中国国际金融有限公司于 2005 年 8月推出了首例专项计划"联通收益计划"。2006 年，券商专项资产证券化的规模达到 206 亿元。2007 年至 2010 年，证监会没有审批任何券商专项资产计划。2011 年 8 月，券商专项资产证券化业务重启，但是发行的频率和规模都比较小。2014 年，券商专项资产证券化债券发行频率和规模大幅提升，全年共发行 113 只，356 亿元资产支持证券。2005 年至 2014 年，金融市场累计发行 195 只券商专项计划，总规模为 740 亿元。

2014 年是券商专项资产证券化发展很重要的一年，证监会于 2014 年 2月取消了资产证券化业务行政许可，并着手对《证券公司资产证券化业务管理规定》进行修订，向简政放权、宽进严管的方向发展，2014 年 11 月，证监会正式发布《证券公司及基金管理公司子公司资产证券化业务管理规定》，以及配套的《证券公司及基金管理公司子公司资产证券化业务信息披露指引》和《证券公司及基金管理公司子公司资产证券化业务尽职调查工作指

[①] 债权类资产包括 BT 回购款、企业应收账款、融资租赁款等应收款和信贷资产，收益权类资产包括通行费、水务、电力销售、票务等收入的收益权以及信托受益权等，不动产类资产包括商业地产的租金收入和运营收益。

引》。此次修订，一是明确了以《证券法》《基金法》《私募投资基金监督管理暂行办法》为上位法，统一以资产支持专项计划作为特殊目的载体开展资产证券化业务；二是将资产证券化业务管理人范围由证券公司扩展至基金管理公司子公司；三是取消事前行政审批，实行基金业协会事后备案和基础资产负面清单管理；四是强化重点环节监管，制定信息披露、尽职调查配套规则，强化对基础资产的真实性要求，以加强投资者保护。

券商专项资产证券化的步骤与信贷资产证券化类似。本书将以 2013 年隧道股份 BOT 项目专项资产证券化为例介绍其业务流程（见图 6-2）。首先，上海大连路隧道建设发展有限公司（发起人）将与上海市建交委签订的《专营权合同》中约定的 2013 年 4 月 20 日至 2017 年 1 月 20 日期间应到期支付的，且应在每年 4 月 20 日、7 月 20 日、10 月 20 日、12 月 20 日和次年 1 月 20 日支付的专营权收入，在扣除隧道大修基金以及隧道运营费用之后的合同债权及其他权利，作为基础资产出售给由国泰君安资管公司设立的 SPV。其次，SPV 根据基础资产现金流的规模和期限等特点，设计发行了三只资产支持证券（13 隧道优先级 1、13 隧道优先级 2 和 13 隧道劣后级三档债券，发行规模分别为 1.09 亿元、3.59 亿元和 0.16 亿元）。为提高债券的信用评级，国泰君安与上海城建集团签订了担保协议，由上海城建提供 7000 万元的担保金额，并委托中诚信证券评估有限公司对债券进行评级。再次，由主承销商（中国国际金融有限公司与中信证券）负责债券的发行，债券发行后可在上海证券交易所挂牌交易。最后，SPV 与招商银行签订资金托管协议，开立银行专用账户，负责资金收付管理。

（三）资产支持票据

资产支持票据（ABN）是指非金融企业以基础资产产生的现金流作为还

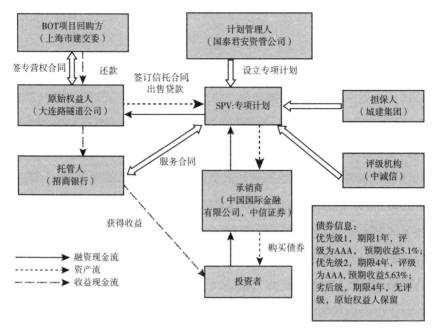

图6-2 2013年隧道股份 BOT 项目专项资产证券化业务流程

资料来源：本图由笔者自行绘制，参考了姜超、李宁（2013）。

款支持，在银行间市场发行的一种债务融资工具。ABN 由银行间市场交易商协会负责审批和监管，采取注册制的方式发行，其基础资产的内容与券商专项资产证券化接近。从严格意义上讲，ABN 不属于资产证券化产品。这是因为，银行间市场交易商协会颁布的《银行间债券市场非金融企业资产支持票据指引》规定，在基础资产现金流不足的情况下，融资方应以自身经营收入作为还款来源，所以，ABN 不具有风险隔离这一证券化产品的基本特征。ABN 的时间开始于 2012 年 8 月，明显晚于信贷资产证券化和券商专项资产证券化。从 2012 年 8 月 7 日发行首只 ABN（2012 年上海浦东路桥第一期 ABN），截至 2014 年底，金融市场已经累计发行 60 只资产支持票据，总规模达 194.2 亿元。总体来讲，ABN 的发展显著落后于前两项资产证券化业务。

发行 ABN 不用设立 SPV。发行人可选择公开发行或非公开发行，若进行非公开发行，经发行人和投资者商定，可以不进行评级，若要公开发行就必须进行双评级。图 6-3 将以公开发行为例介绍 ABN 发行的流程。首先，发行人以基础资产为还款支持发行 ABN，委托评级服务机构对拟发行的债券进行评级；其次，发行人委托主承销商，在银行间债券市场发行 ABN，发行人负责管理基础资产；最后，发行人与资金监管银行签订资金监管协议，由资金监管银行开立专门账户，管理基础资产产生的现金流，通过债权登记结算机构向投资者支付本息。

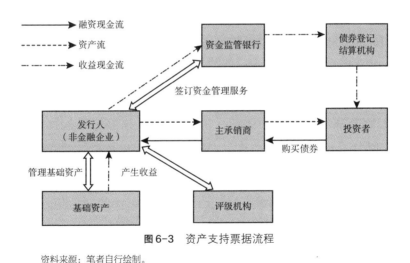

图6-3 资产支持票据流程

资料来源：笔者自行绘制。

（四）三种资产证券化模式比较

表 6-2 对上述三种资产证券化模式进行了比较分析。三种资产证券化模式的主要区别在于监管审批机构、基础资产和风险隔离程度。从最终作用来

看，信贷资产证券化有利于商业银行提高资产流动性，拓宽融资来源，盘活存量；券商专项资产证券化和资产支持票据则给非金融企业提供了一种新的融资便利。

表 6-2　三种资产证券化模式比较

	信贷资产证券化	券商专项资产证券化	资产支持票据
主管部门	央行和银监会	证监会	银行间交易商协会
发起人	银行、金融公司和资产管理公司	非金融企业	非金融企业
依据法律	《信贷资产证券化试点管理办法》	《证券公司资产证券化业务管理规定》后修订为《证券公司及基金管理公司子公司资产证券化业务管理规定》	《银行间债券市场非金融企业资产支持票据指引》
基础资产	信贷资产	企业应收款、信贷资产、信托受益权、基础设施收益权等财产权利，商业票据、债券及其衍生产品、股票及其衍生产品等有价证券，商业物业等不动产财产*	公用事业未来收益权、政府回购应收款、企业其他的应收款等
SPV	特殊目的信托	专项资产管理计划	不用设立 SPV
交易场所	银行间债券市场	交易所	银行间债券市场
评级要求	优先级需要评级	优先级需要评级	公开发行时需要双评级
审核方式	审核制（后改为银监会备案、央行注册）	核准制（后改为备案制）	注册制

注：* 信贷资产需要得到银监会和中国人民银行的许可。

二　中国资产证券化实践的特点及问题

资产证券化在中国尚属新鲜事物，其发展过程又被次贷危机的爆发所中断。因此，中国的资产证券化实践尚处于初级阶段，具有如下主要特点与问题。

（一）资产证券化的结构相对简单

首先，目前中国仍然禁止再证券化业务，资产证券化融资链条还比较短。与中国不同，美国资产证券化的融资链条则比较长。Pozsar 等（2010）指出，美国资产证券化的融资链条通常包括如下七个步骤：发起贷款、贷款组合、发行 ABS、ABS 组合、以 ABS 为基础资产发行 CDO、ABS 中介、批发融资。信贷基础资产的质量越差，证券化的链条就越长，诸如次级抵押贷款这样的低质量长期贷款通常需要经历七个甚至更多的步骤才能售出。其次，中国证券化资产池里仅包括一个发起人的基础资产，而且资产种类较为单一。而美国证券化资产池可包括来自不同发起人的基础资产，且资产种类多样。

（二）基础资产以企业贷款为主，MBS 发展落后

中国信贷资产证券化的基础资产以企业贷款为主，占到所有信贷基础资产规模的 80% 以上。与此同时，中国住房抵押贷款支持证券（MBS）的发展速度非常缓慢。2005 年至 2014 年底，中国国内仅发行了 3 只 MBS，占证券化产品发行额的比重不到 5%，而这　比重在欧美国家为 60%~80%。

导致中国 MBS 市场发展滞后的主要原因是住房的集体质押转让问题尚未得到妥善解决。在中国现行法律环境下，住房抵押贷款难以实现质押权的批量集中变更登记，这导致质押权不能从发起人手中真正转移至 SPV 手中，也即未能实现真实出售与破产隔离，这无疑会产生较大的不确定性与法律风险。此外，导致 MBS 市场发展缓慢的原因还包括以下几点：一是住房抵押贷款的利率低于一般贷款利率，这种基础资产的低收益率对投资者的吸引力

不大；二是住房抵押贷款属于银行内部的优质贷款，商业银行缺乏将其证券化并转至表外的动力；三是中国购房者提前还款的概率远高于国外居民，造成 MBS 面临较高的早偿风险（纽楠，2014）。

（三）二级市场交易不活跃，银行互持现象严重

由于发行规模小，中国资产支持证券的二级市场交易并不活跃。从投资者分布来看，信贷资产支持证券的银行互持现象严重。商业银行是中国信贷资产支持证券的最大持有者，其持有信贷资产支持证券的占比曾经在 80% 以上。虽然该比重已出现下降趋势，但截至 2013 年 9 月，该比重仍然在 65%以上。[①] 风险依然停留在银行体系内部，使得资产证券化在分散风险以及降低融资成本方面的作用不能得到充分发挥。不过，从 2014 年下半年起，已经有券商、资管、基金、保险等投资者开始投资资产证券化产品，这将逐渐降低银行相互持有证券化产品的比例，从而逐渐发挥资产证券化的风险分散功能。

（四）多头监管突出，审批过程耗时费力

中国资产证券化业务的多头监管问题突出，审批过程耗时费力，这阻碍了中国资产证券化业务的发展。一方面，目前资产证券化产品在创设、发行、审批、交易、监管等环节除了分别涉及"一行三会"外，还涉及财税、住建、国土等其他政府部门，这无疑会显著延长审批周期、增加发行成本。另一方面，目前信贷资产证券化与企业资产证券化分别面临不同的监管主

---

① 数据来源于上海清算所。

体、监管规则，并在彼此分割的市场上发行。2014 年 6 月，央行叫停平安银行交易所信贷资产证券化项目一事，更是将资产证券化的多头监管问题推上了风口浪尖。此外，即使对信贷资产证券化而言，也面临银监会与央行的双头监管。在之前的审批制下，监管部门需要逐笔对信贷资产证券化产品进行审核，审核内容不仅包括发行主体的资质，而且包括入池资产与发行规模等具体内容。事实上，尽管 2014 年中国资产证券化业务获得较快发展，但试点额度并未用满，其中很重要的问题即在于审批制度。令人振奋的是，在2014 年 11 月，银监会与证监会双双宣布将资产证券化产品的审批制改为备案制，这无疑会显著缩短审批时间、提高发行效率、降低发行成本，从而显著促进资产证券化的发展。

（五）缺乏完整的法律框架

目前中国缺乏关于资产证券化的统一法律框架，由此产生的一系列问题制约了资产证券化市场的发展。首先，对资产证券化的基础资产而言，缺乏统一的标准定义与登记公示制度，导致难以实现真实出售与破产隔离。其次，信贷资产证券化市场与企业资产证券化市场彼此割裂，难以实现互联互通。例如，与信贷资产证券化相比，企业资产证券化在法律完整性、税务中立性和会计处理明确性等方面不及前者完备，从而影响了后者的发展。最后，中国资产证券化产品面临重复征税风险。例如，根据相关法律，金融机构销售有价证券需要交纳 5% 的营业税。由于资产证券化产品结构复杂，多次出售可能面临重复征税问题。尽管 2006 年 2 月财政部和国家税务总局出台的《关于信贷资产证券化有关税收政策问题的通知》为信贷资产证券化提供了税收优惠，但企业资产证券化依然缺乏相关依据。

（六）SPV 均由信托公司设立

从国外经验来看，由发起人（商业银行）设立一个附属子公司并担任 SPV 的现象较为常见。但截至目前，中国资产证券化过程中的 SPV 基本上由信托公司参与成立，这主要有两个方面的原因。

其一，虽然在我国《公司法》框架下设立 SPV 基本上没有法律障碍，而且可以实现破产隔离。例如，《公司法》支持限制 SPV 经营范围的行为，现行法律制度有利于公司形式的 SPV 与发起人破产隔离。但是，我国《商业银行法》规定："商业银行在中华人民共和国境内不得从事信托投资和股票业务，不得投资于非自用不动产。商业银行在中华人民共和国境内不得向非银行金融机构和企业投资。"《证券法》规定："证券业和银行业、信托业、保险业分业经营、分业管理。"因此，我国商业银行不能投资设立 SPV，而且 SPV 存在的意义只是在法律上实现破产隔离，其实质上属于"机器人企业"，只拥有名义上的资产和权益，实际管理和控制均委托他人进行，自身并不拥有职员和场地设施。这与《公司法》规定的公司设立的要件（固定的生产经营场所和必要的生产经营条件）冲突。因此，在《公司法》框架下设立的 SPV 将显著增加成本。

其二，在我国现行《信托法》框架下，以信托作为 SPV 可以实现证券化基础资产与发起人破产和受托人破产的完全隔离。《信托法》第 15 条规定，信托财产与委托人所有的其他财产相区别，设立信托后，委托人死亡或者依法解散、被依法撤销、被宣告破产时，委托人不是唯一的受益人的，信托存续，信托财产不作为其遗产或者清算财产。因此，只要资产证券化的发起人不是受益人，就可以避免在发起人破产时，资产证券化基础资产被合并到发起人的破产财产中。《信托法》第 16 条规定，信托财产与属于受托人所有的财产相区别，不得归入受托人的固有财产或者成为其固有财产的一部分，受托人死亡或者依法解散、被依法撤销、被宣告破产而终止，信托财产不属于其遗产或者清算财产。因此，即使作为 SPV 的信托机构破产，证券化基础资产也不会受到影响。由此可见，设立信托形式的 SPV，或者由现有的信托机构扮演 SPV 的角色，在我国现行的《信托法》框架下完全可行。

第七章

中国式影子银行体系：
中国资产证券化的雏形

值得一提的是，虽然中国真正意义上的资产证券化起步较晚、规模较小，但银行理财产品和信托等中国式影子银行业务已经蕴含资产证券化的成分，可以将其视为中国资产证券化的雏形。

一 银行理财产品是中国式影子银行体系的核心

银行理财产品是指由商业银行自行设计并发行，将募集到的资金根据产品合同约定投入相关金融市场及购买相关金融产品，获取投资收益后，根据合同约定分配给投资人的金融产品。[①] 银行理财产品是中国式影子银行体系最重要的组成部分，是中国影子银行体系最主要的负债方。因此，可以将银行理财产品的规模视为最狭义的中国影子银行体系规模。截至 2014 年末，银行理财产品余额为 15.02 万亿元，较 2013 年末增长了 4.81 万亿元，增幅为 47.11%（见表 7–1）。

表 7–1　银行理财产品规模

单位：万亿元

年份	2006	2007	2008	2009	2010	2011	2012	2013	2014
余额	0.47	1.33	0.96	1.02	2.50	5.00	7.10	10.21	15.02

资料来源：2006~2012 年数据来自肖立晟（2013），2013 年、2014 年数据来自中国银行业协会。

中国理财业务雏形出现于 2002 年，当时以渣打银行、荷兰银行、花旗银行等为代表的外资银行陆续发行了结构性理财产品。由于这些理财产品提供的收益率高于同期存款利率且风险相对可控，吸引了大量优质客户，对国内银行形成了显著的竞争压力（阎庆民和李建华，2014）。为了应对外资银行的竞争，国内银行开始逐步推出理财产品，中国国内银行理财业务发展拉开了序幕。

从 2005 年 1 月至 2014 年，中国商业银行累计发行银行理财产品约 19.8 万只，其中，2010 年及以后，中国银行理财产品的发行频率大幅上升（见表 7–2）。截至 2014 年，中国参与发行理财产品的商业银行数量已经达 400 余家，其中，国有大型银行和国有股份制商业银行是银行理财产品的发行主体。

从收益类型来看（见表 7–2），银行理财产品发行从最初的以保本型（包

[①]　银行理财产品区别于银行代销的金融产品。与银行自己发行的理财产品不同，银行代销的理财产品由其他金融机构（如基金公司、信托公司、保险公司等）进行产品设计、投资、管理以及收益分配，商业银行仅承担销售职能以及部分产品的资金托管，银行不操作投资者的账户资金。

括保本固定收益和保本浮动收益）为主逐步向以非保本浮动收益型为主转变，2005 年，仅约 23% 的银行理财产品为非保本型，到 2014 年，高达 68% 的理财产品属于非保本型，这主要是监管当局对保本型理财产品的监管日益严格所致。针对保本型理财产品，银监会明确规定："银行应将理财资金及投资的资产纳入银行表内核算管理，并计提必要的风险拨备。"对于非保本型理财，银行因为不承担风险而计入表外。非保本型理财产品占主导地位和发行数量攀升印证了近年来理财产品的表外扩张态势加剧。

从委托期限来看（见表 7-2），银行理财产品发行大致可以分为三个阶段，2005 年至 2008 年，银行理财产品的委托期限以 3~6 个月和半年以上为主，期限较长；2009 年至 2011 年，商业银行揽储的压力增大，委托期限为 1 个月以内的理财产品期限显著增加，2011 年曾占到全部理财产品发行只数的约 32%；2012 年至 2014 年，银行理财产品的委托期限以 1~3 个月为主，占同期理财产品发行数量的比重在 60% 左右，这一转变主要是因为，银监会于 2011 年 11 月颁布了《商业银行理财产品销售管理办法》，加强了超短期理财产品发行的监管力度，以遏制商业银行利用超短期理财产品变相高息揽储的问题。

从币种来看（见表 7-2），银行理财产品最初以外币理财产品为主，2005 年和 2006 年，外币理财产品所占的比重分别约为 77% 和 66%，此后，人民币理财产品发行数量逐渐增多，2014 年，人民币理财产品占全年理财产品发行数量的比重已经上升至 97%。

表 7-2　银行理财产品发行概况

年份	只数	按收益类型（%）		按委托期限（%）				按币种（%）	
		保本型	非保本型	小于 1 个月	1~3 个月	3~6 个月	6 个月以上	人民币	外币
2005	598	76.76	23.24	4.01	15.55	30.43	50.00	23.08	76.93
2006	1354	76.96	23.04	2.58	15.73	35.38	46.01	34.49	65.51
2007	3040	61.61	38.29	1.84	19.80	23.22	52.01	50.07	49.94

续表

年份	只数	按收益类型（%）		按委托期限（%）				按币种（%）	
		保本型	非保本型	小于1个月	1~3个月	3~6个月	6个月以上	人民币	外币
2008	6628	44.23	55.76	13.77	27.38	26.15	29.92	75.27	24.77
2009	7876	38.26	61.74	23.96	26.79	22.41	26.21	86.66	13.35
2010	12063	51.35	48.64	30.57	29.95	18.31	20.66	82.86	17.14
2011	24160	37.49	62.50	32.11	35.91	20.09	10.88	87.38	12.63
2012	32408	47.02	62.98	4.98	60.07	21.88	11.43	92.26	7.74
2013	45300	29.84	70.16	4.19	59.57	21.86	13.19	96.36	3.64
2014	65014	32.00	68.00	4.65	58.31	22.76	13.22	97.13	2.86

注：因部分理财产品未公布理财期限，所以委托期限相加小于100%。

资料来源：Wind 数据库。

二　从理财产品资金运用渠道勾勒中国式影子银行体系

中国银行理财产品资金运用随着监管当局对银行理财产品等影子银行体系的监管日益趋严而不断演进。总体来讲，发行理财产品筹集的资金主要运用于以下四种方式：银信合作、银证合作等通道类业务、投资于同业资产以及投资于城投债。从这四种渠道也可以大致勾勒出中国式影子银行体系的轮廓（见图7-1）。

（一）银信合作

商业银行将发行理财产品筹集的资金用来购买信托公司成立的信托计划所发行的信托受益权（直接购买或者经过过桥企业），信托公司利用发行信托受益权筹集的资金向企业和地方融资平台发放贷款，或者购买商业银行的表内贷款，商业银行借此将表内贷款转移至表外，或直接将表内信用中介表外化。这一过程中成立的信托计划大部分属于商业银行委托成立的单一资金信托，资金运用在很大程度上受到银行的控制，这就是典型的银信合作业务。2011年1月，中国银监会发布《关于进一步规范银信理财合作业务的通知》，规定：商业银行在2011年底前将银信理财合作业务表外资产转入表内，原则上银信合作贷款余额应当按照每季度至少25%的比例予以压缩。对商业银行未转入表内的银信合作信托贷款，各信托公司应当按照10.5%的比例计提风险资本；信托公司信托赔偿准备金低于银信合作不良信托贷款余额150%的或低于银信合作信托贷款余额2.5%的，信托公司不得分红，直至达到标准。该政策的出台使得银信合作模式受到了挑战，银证合作等通道类业务异军突起。

（二）银证合作、银基合作等通道类业务

商业银行可以委托证券公司成立定向资产管理计划，并将发行理财产品所筹集的资金投向资产管理计划。证券公司运用定向资产管理计划筹集的资金购买信托公司发行的信托收益权，或者购买商业银行的贷款、票据类资产和应收账款类资产，实现表内资产出表。前一种信用中介模式被称作银证信合作，后一种信用中介模式被称作银证合作。证券公司在这个过程中仅仅起到了通道作用，收取手续费，所承担的风险极低。随后，保险公司和基金公司也逐渐加入这种通道类业务中，被称作银保合作和银基合作。2013年3月，银监会发布《关于规范商业银行理财业务投资运作有关问题的通知》（8号文），要求商业银行合理控制理财资金投资非标准化债权资产的总额，理财资金投资非标准化债权资产的余额在任何时点均以理财产品余额的35%和商业银行上一年度审计报告披露总资产的4%之间孰低者为上限。8号文的出台显著限制了商业银行通过银信合作和银证合作等模式将传统的表内信用中介表外化，拉长资金中介链条，从而规避信贷数量控制和贷存比管制。

（三）投资于同业资产

　　商业银行可将发行理财产品筹集的资金投资于同业资产（或者购买同业存单），从而将 A 银行的理财资金转变成 B 银行的存款，这种方式有助于各家商业银行拓宽存款来源。之后，商业银行之间便可以通过同业代付和买入返售等方式进行变相的信用扩张。因为，与传统贷款业务相比，同业业务具有如下主要优势：其一，银行同业的风险权重较低，能够有效放大杠杆；其二，没有拨备覆盖率要求，同时也不受拨贷比限制；其三，同业业务不受贷存比 75% 的限制，不占用银行信贷额度（郑联盛、张明，2014）。2014 年 5 月，中国人民银行联合银监会、证监会、保监会和外管局发布了《关于规范金融机构同业业务的通知》，对同业业务进行了严格限制。例如，该通知规定："买入返售（卖出回购）业务项下的金融资产应当为银行承兑汇票，债券、央票等在银行间市场、证券交易所市场交易的具有合理公允价值和较高流动性的金融资产。"以往买入返售项下的非标资产主要是信托受益权，但按照该规定，流动性较低的金融资产不能作为买入返售的标的，限制了这种传统类型的非标业务。另外，该规定将同业存款划分为结算性同业存款和非结算性同业存款，这一规定表明非银行金融机构对银行的非结算性同业存款未来有可能被纳入缴法定存款准备金的范围。缴纳法定存款准备金后，这些同业存款也可以算入贷存比当中，从而缓解银行的贷存比压力。

（四）投资于城投债

　　商业银行还可以直接用发行理财产品筹集的资金在资本市场购买城投

债等标准化债权资产。城投债是由地方政府绝对控股的国有企业（地方融资平台，如"市投资开发公司""市资产运营管理公司"等）发行的，主要用于基础设施和公用设施建设的企业债，期限一般为 5~8 年。城投债是当前地方政府融资平台最重要的三大融资工具之一（其余两项为银行贷款和信托贷款）。城投债兴起的原因主要包括以下几点。首先，根据《中华人民共和国预算法》规定，"除去法律和国务院另有规定外，地方政府不得发行地方政府债券"。在这样的背景下，事权大、财权小的地方政府普遍面临较为严重的财政压力，不得不另谋融资渠道。其次，与银行贷款相比，城投债属于标准化的债权资产并且受到地方政府的隐性担保，信用风险低，因此，商业银行愿意投资于城投债。最后，对于地方政府融资平台而言，城投债的融资成本低于银行贷款，并且对于发行城投债募集的资金，其使用更加灵活。在 8 号文严格限制商业银行理财产品投资于非标准化资产的背景下，投资于城投债等标准化资产可能是未来银行理财资金运用的主流。

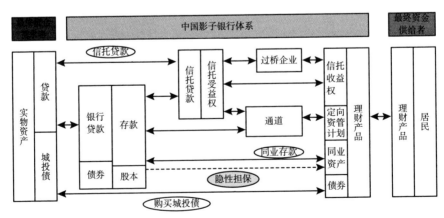

图7-1 银行理财产品与中国式影子银行体系

三　中国式影子银行兴起的原因

（一）需求方面的因素

从需求方面来看，中国居民财富迅速增长，但是投资渠道匮乏，居民资产保值增值的需求迫切。一方面，银行理财产品提供的预期收益普遍高出同期限存款利率，加之商业银行的隐性担保，使得银行理财产品很快成为广受欢迎的存款替代物；另一方面，受利率管制和通货膨胀双重因素的影响，居民存款实际利率一直处于较低水平，甚至出现负利率。2001 年至 2014 年，中国金融市场就出现了三次持续的负利率时期，而且持续的时间都在一年以上（见图 7-2）。例如，2003 年 11 月至 2004 年 12 月，一年期定期存款实际利率最低时为 -3.32%；2007 年 11 月至 2008 年 10 月，一年期定期存款实际利率最低时为 -4.56%；2010 年 2 月至 2012 年 1 月，一年期定期存款实际利率最低时为 -3.11%。银行理财产品的收益率市场化程度较高，抗通胀能力显著优于银行存款。

（二）供给方面的因素

从供给方面来看，一方面，基金理财、券商理财和保险理财类产品的兴起增加了商业银行的竞争压力，囿于中央银行利率管制，商业银行不得不实施主动的"金融托媒"，创造出银行理财产品，突破利率管制（见表 7-3、表 7-4），与基金、券商和保险争夺客户资源；另一方面，国内信贷需求旺盛。2010 年，在经历了四万亿元的大规模经济刺激后，中国政府宏观调控方向发

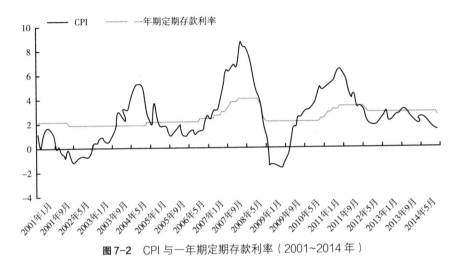

图 7-2 CPI 与一年期定期存款利率（2001~2014 年）

资料来源：Wind 数据库。

生转变，信贷调控总量大幅收缩，并对房地产和地方融资平台等行业实施重点调控，但是由于投资惯性，房地产和地方融资平台的融资需求依然旺盛。为了保持自身利润增长，同时防止房地产开发商和地方融资平台资金链断裂导致银行不良贷款率显著上升，商业银行具有很大的激励寻求新的手段来突破存贷比、资本充足率与贷款额度限制。银行理财产品属于银行的表外业务，不受贷款额度和贷存比管制，在资金运用方面具有更大的灵活性，因此，受到商业银行的青睐。

表 7-3 存款利率市场化步骤

时　　间	步　　骤
2004 年 10 月	下限放开，上限为存款基准利率
2012 年 6 月	上限调整为存款基准利率的 1.1 倍
2014 年 11 月	上限调整为存款基准利率的 1.2 倍
2015 年 2 月	上限调整为存款基准利率的 1.3 倍
2015 年 5 月	上限调整为存款基准利率的 1.5 倍
2015 年 10 月	不再设置存款利率上限

资料来源：笔者自行整理。

表 7-4　贷款利率市场化步骤

时　间	步　骤
2004 年 1 月	上限调整为贷款基准利率的 1.7 倍，下限调整为贷款基准利率的 0.9 倍
2004 年 10 月	上限放开，下限调整为贷款基准利率的 0.9 倍
2008 年 10 月	个人住房抵押贷款利率下限由基准利率的 0.85 倍调整为基准利率的 0.7 倍
2012 年 6 月	下限调整为贷款基准利率的 0.8 倍
2012 年 7 月	下限调整为贷款基准利率的 0.7 倍
2013 年 7 月	取消贷款利率下限

资料来源：笔者自行整理。

四　中美影子银行体系的区别与联系

（一）中国和美国影子银行体系的区别

如图 7-3 所示，美国影子银行的主体是资产证券化。商业银行和专属金融公司等发起人将信贷资产出售给特殊目的载体（SPV），由 SPV 进行打包、分割成标准化的资产支持证券（ABS）。ABS 主要有以下四个去向。其一，一些最高级 ABS 将由养老基金和保险公司等负债期限较长的机构投资者持有。其二，一些中间级和股权级的 ABS 将被出售给另一家 SPV，经过再次证券化，被构造成不同等级的 ABS CDO。其三，由商业银行或投资银行设立的 ABCP 管道或结构性投资载体（Structured Investment Vehicle，SIV）将购买部分 ABS，并以这些 ABS 的现金流为担保发行资产支持商业票据（ABCP）。商业银行和投资银行通常会向 ABCP 提供流动性支持。货币市场共同基金（MMMF）是 ABCP 最重要的投资者。其四，商业银行和投资银行会购买并持有部分 ABS，并将这些 ABS 作为抵押品进行回购融资，回购协议的主要投资者仍然为 MMMF。另外，商业银行还可以将 ABS 作为抵押品向中央银行申请流动性支持。

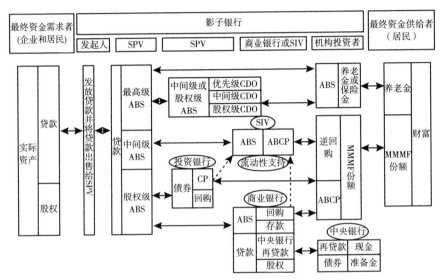

图 7-3 资产证券化与美国影子银行体系

资料来源：笔者自行绘制。

综上所述，中美影子银行体系存在如下四个区别。

第一，中国影子银行体系以银行理财产品为核心，以客户零售为主；而美国影子银行体系以资产证券化为核心，以批发融资为主。商业银行牢牢控制着中国影子银行体系的负债方（理财产品）和资产方（贷款），因此，中国式影子银行体系又被一些学者称为"银行的影子"（殷剑锋、王增武，2013）。

第二，银信合作、银证合作等中国式影子银行业务模式创造出来的信托受益权和券商定向理财产品的标准化程度较低，难以在二级市场上流转；而资产证券化创造出的资产支持证券属于标准化资产，建立了完善的二级市场体系，流动性很高。

第三，在中国影子银行体系中，商业银行仍牢牢控制着影子银行的资产方（贷款）和负债方（理财产品），仅仅通过影子银行体系将表内信用中介表外化，并没有实现风险转移；而美国影子银行体系的负债方以货币市场共同基金为主，属于机构投资者，商业银行仅对影子银行的资产方具有支配作用，商业银行通过资产证券化实现了部分风险转移。

第四，中国影子银行体系的杠杆扩张作用弱于美国影子银行体系。银监会要求对每只理财产品实施单独管理、建账和核算。信托收益权和券商定向理财产品属于非标资产，流动性低，商业银行难以通过持有这些非标资产进行抵押融资，因此，难以扩大表内杠杆率；而美国商业银行可以购入 ABS，并以 ABS 作为担保品进行回购融资，从而显著扩大表内杠杆率。

（二）中国和美国影子银行体系的联系

中国和美国影子银行体系也存在诸多相似之处。事实上，中国影子银行的某些业务已经具备了资产证券化的雏形。

其一，在银信合作中，银行通过信托公司将表内信贷资产或新增贷款项目打包成信托受益权凭证，再由银行理财产品筹集的资金购回。信托公司成立的信托计划类似于资产证券化中的 SPV，信托收益权凭证则类似于早期的抵押贷款支持证券。

其二，理财产品中的"资金池—资产池"业务模式通过滚动发行理财产品，将资金投资于债券、货币市场基金和信托受益权等金融资产，这种业务模式与美国的 SIV 和 ABCP 管道运作模式类似。中国的银行理财产品具有商业银行的隐性担保，而美国的 ABCP 也具有商业银行的流动性支持。

第三，集合资金信托理财产品通常会构建资产池，并以该资产池产生的未来收益为基础发行不同等级的信托理财产品，这种业务模式类似于美国影子银行体系中的 CDO。

第四部分
资产证券化与商业银行

第 八 章

资产证券化对商业银行盈利能力
及稳定性的影响

　　美国一直是全球范围内资产证券化的先行者，也是全球最大的资产证券化市场。自 20 世纪 80 年代以来，美国资产证券化市场逐渐发展壮大，各种类型的资产证券化产品如雨后春笋般不断涌现。然而，2007 年至 2008 年美国次贷危机的爆发反映出监管缺位前提下资产证券化过度发展可能造成的风险。全球金融危机爆发以来，全球范围内开始对资产证券化的功能与风险进行全面而深刻的反思，美国出台的《多德－弗兰克法案》就是　例。在本章，我们将利用美国商业银行的资产证券化数据和财务数据分析资产证券化活动强度对商业银行盈利能力与稳定性的影响，包括影响方向、机制以及金融危机前后的变化。回答清楚这些问题不仅有助于我们更好地理解美国的资产证券化实践，也有助于中国资产证券化的监管者与参与者深化对其相关认识，进而达到趋利避害的目的。

一　数据来源与样本处理

本章将选取美国商业银行 2001 年第二季度至 2012 年第一季度的相关数据进行分析。数据源自美联储芝加哥分行披露的美国商业银行财务和收入数据报告（Report of Condition and Income data，简称 Call Report）。之所以选择 2001 年第二季度作为样本期的开端，是因为美国监管当局要求从 2001 年第二季度起商业银行必须上报与资产证券化活动有关的数据。之所以选择 2012 年第一季度作为样本期的结束，主要是囿于数据可得性问题。在美联储芝加哥分行披露的相关数据中，2012 年后三个季度的数据存在严重缺失。为了保持数据的统一和完整，本章不得不舍去 2012 年第一季度以后的数据。

Call Report 包含了由美国联邦储备系统、联邦存款保险公司和货币监理署监管的所有商业银行的季度财务数据，数据容量相当庞大。本章的数据处理步骤如下。第一，将可能用到的指标从每一季度的表格中提取出来，合并整理成面板数据格式（相关指标以及计算步骤可参见附录 1）。第二，在样本期间可能出现银行倒闭或兼并，也可能成立新的银行，因此，将填报期不足 44 个季度的银行剔除，同时将有数据缺省和异常值的银行也剔除。第三，将银行每一个季度各类资产证券化活动的规模加总[①]，并据此将银行划分为证券化组和非证券化组。其中，证券化组是指在样本期内从事过至少一次证券化活动的商业银行，总共 350 家。非证券化组是指在样本期内没有从事过证券化活动的银行，总共 4970 家。第四，出于降低交易成本考虑，银

[①]　Call Report 根据基础资产将银行资产证券化划分为住房抵押贷款、房屋净值贷款、信用卡贷款、汽车贷款、其他消费者贷款、商业和工业贷款、租赁贷款及其他贷款七类。

行会将基础资产累积到一定规模后再进行证券化，因此有些季度证券化活动的规模为零。为提高实证研究的准确性与显著性程度，本章只对证券化活动频率超过样本期半数的银行展开分析。经过相应筛选，证券化组包含了 60 家商业银行。另外，将证券化活动频率超过样本期 75% 的银行视为证券化活跃组，包含 38 家商业银行。第五，选择控制组。众多文献研究表明，资产规模是决定商业银行是否从事证券化的主要因素（Uzun and Webb，2007；Jiangli and Pritsker，2008；Bannier and Hansel，2008；Agostino and Mazzuca，2008），其中 Jiangli 和 Pritsker（2008）还将银行规模作为资产证券化的工具变量，因此，我们以样本期最后一个季度为准，从非证券化组中选择出最接近证券化组中银行规模的 60 家银行作为控制组，进行组间对比分析。

二 资产证券化能提高商业银行的盈利能力吗

（一）研究思路

本书将用净资产收益率（ROE）表示商业银行的盈利能力，以美国银行业数据为基础，分析资产证券化活动强度与商业银行 ROE 之间的关系。我们的研究思路如下：首先，从杜邦分解的角度阐述资产证券化影响商业银行 ROE 的具体机制；其次，借助图表和相关性统计直观了解资产证券化活动强度与商业银行 ROE 的相关性；最后，介绍本书具体的实证分析思路。

1. 资产证券化影响商业银行 ROE 的机制分析

杜邦分解是分析企业净资产收益率变动原因的常用方法，它通过财务指

标的内在联系来系统地分析企业盈利水平的变动。本书将从杜邦分解的角度
探讨资产证券化影响商业银行 ROE 的具体机制。

$$ROE = \frac{净利润}{权益资本} = \frac{净利润}{总收入} \times \frac{总收入}{总资产} \times \frac{总资产}{权益资本} = 收入利润率 \times 资产周转率 \times 杠杆率$$

第一，虽然资产证券化属于银行的表外活动，但其仍然有助于商业银行
提高杠杆率。首先，资产证券化有助于商业银行将风险较高的信贷资产转换
成现金和高评级债券等低风险资产，以减少商业银行的风险加权资产，从而
降低商业银行的最低资本要求，增加杠杆率。其次，商业银行还会发起资产
支持商业票据（ABCP）管道，购买资产支持债券，并发行 ABCP。商业银
行通常会为 ABCP 管道提供流动性担保，在规避资本监管要求的同时，保留
相关风险（Acharya et al., 2013）。资产证券化对杠杆率的影响机制反映了资
产证券化具有的监管套利功能，即通过资产证券化规避最低资本监管要求。

第二，资产证券化能够显著提高商业银行的资产周转率。显而易见，商
业银行可以利用资产证券化回笼的资金继续发放贷款，并将其继续证券化，
从而提高其资产周转率。资产证券化对商业银行资产周转率的影响机制反映
了资产证券化盘活存量、提高资产流动性的功能，即资产证券化将分散的基
础资产打包与分层，这样可以消除单个资产的异质性风险，从而降低资产支
持证券价值的信息敏感度以及信息优势方拥有的信息价值，最终提高相关资
产的流动性。

第三，资产证券化对商业银行收入利润率可能存在正负两方面的影响。
一方面，商业银行可以通过资产证券化改善其资产负债表，从而降低信贷风
险，进而降低融资成本，这有助于提高商业银行的收入利润率。另一方面，
与资产证券化相关的以下三点因素可能削弱商业银行的收入利润率：首先，
在证券化过程中，商业银行将部分利息收入让渡给了投资者，商业银行的利

息收入可能下降；其次，与资产证券化相关的交易成本（例如，成立 SPV 和信用增级）将会增加商业银行的非利息支出；最后，商业银行作为发起人通常会持有股权级资产支持证券。一旦基础资产出现违约，发起人将不得不承担最初的损失，这会增加银行的或有支出。

不难看出，在第一条与第二条渠道中，资产证券化有助于提高商业银行 ROE，在第三条渠道中，资产证券化对商业银行 ROE 的影响并不明确。因此，我们既会从整体上考察资产证券化对商业银行 ROE 的影响，也会从杜邦分解的角度来分析资产证券化影响商业银行 ROE 的具体渠道。

2. 来自行业层面的特征事实

图 8-1 显示了美国私人部门资产证券化季度流量与银行业 ROE 季度数据之间的关系。[①] 不难看出，这两个时间序列之间存在明显的正相关关系。如表 8-1 所示，在整个样本期间（1991 年至 2013 年），两者之间的相关系数为 0.66。值得注意的是，在不同的时期内，两者之间的相关性存在较大差异。例如，在 2004 年（资产证券化出现井喷式发展）至 2013 年期间，两者之间的相关系数达到 0.74。再分阶段来看，2004 年至 2008 年第二季度（全球金融危机爆发之前）期间，两者之间的相关系数高达 0.87，而在 2008 年第三季度至 2013 年期间，两者的相关系数仅为 0.47。

然而，仅仅看总量数据的相关性是远远不够的。银行业 ROE 中包含了很多非证券化银行的数据，而私人 ABS 流量中也包含了很多非商业银行发起人的信息，因此，我们有必要借助反映银行个体特征的面板数据来分析资产证券化对商业银行 ROE 的影响。

[①] 从发起人性质来看，美国的资产证券化可以划分为两类：第一类是以"两房"为主体的政府支持机构（Government Sponsored Enterprises，GSE）发起的证券化，第二类是由商业银行和投资银行等私人金融机构发起的证券化。

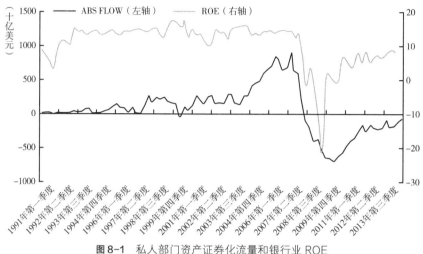

图 8-1   私人部门资产证券化流量和银行业 ROE

资料来源：美联储。

表 8-1   私人部门资产证券化流量与银行业 ROE 的相关系数

时段	1991 年第一季度至 2013 年第四季度	2004 年第一季度至 2013 年第四季度	2004 年第一季度至 2008 年第二季度	2008 年第三季度至 2013 年第四季度
相关系数	0.66	0.74	0.87	0.47

3. 实证分析的具体思路

本节将通过组内分析来研究资产证券化强度对商业银行 ROE 的影响，利用组间分析来研究资产证券化虚拟变量对商业银行 ROE 的影响。

组内分析将以资产证券化活动强度为解释变量。

第一，利用固定效应模型分析资产证券化活动强度及其他控制变量对银行 ROE 的影响。

第二，利用差分 GMM、提取证券化活跃组、引入金融危机虚拟变量等方法对上述回归进行稳健性检验。

第三，将从杜邦分解的角度探讨资产证券化影响商业银行 ROE 的路径。

第四，按照证券化的基础资产进行分组，分别分析抵押贷款证券化（MBS）活动强度和非抵押贷款证券化（ABS）活动强度对商业银行 ROE 的影响及影响路径。

组间分析将以资产证券化虚拟变量为解释变量。

第一，利用随机效应模型分析证券化虚拟变量是否会显著影响商业银行的 ROE。

第二，从杜邦分解的角度出发，分别分析证券化虚拟变量对商业银行收入利润率、资产周转率和杠杆率的影响。

第三，利用双重差分法分析金融危机对证券化银行和非证券化银行盈利水平的冲击是否存在显著区别，并据此来验证资产证券化对商业银行稳定性的影响。

（二）变量选取及定义

1. 被解释变量

除特别指出外，本节实证分析的被解释变量为 ROE（*roe*）。此外，为探讨资产证券化影响商业银行 ROE 的具体渠道，本节还将杠杆率（*leverage*）、资产周转率（*assetturn*）和收入利润率（*profitrate*）分别作为被解释变量。

2. 解释变量

本节的解释变量包括资产证券化程度（*secextent*）和证券化虚拟变量（*sec*）。资产证券化程度为商业银行每个季度资产证券化规模占其总资产的比重，以此来反映银行资产证券化的活动强度。证券化虚拟变量将被用来区分证券化组和非证券化组，其中证券化组为 1，非证券化组为 0。

3. 控制变量

专门研究资产证券化与银行盈利水平的文献很少，因此，本书在选择控制变量时主要参照了近期专门研究商业银行盈利水平的文献（Flamini et al., 2009；Dietrich and Wanzenried, 2010）。Dietrich 和 Wanzenried（2010）在梳理文献时总结出，影响商业银行盈利水平的变量有两类，即反映银行结构特征和反映行业及宏观环境的变量，它们分别反映了决定银行盈利水平的内因和外因。在反映银行特征的变量中，许多文献都考虑了反映银行规模、风险和成本等特征的变量，还有一些文献考虑了银行的所有权关系和年龄等变量；在反映宏观经济和行业变量的文献中，许多文献考虑了经济增长、中央银行利率、通货膨胀和资产价格等因素，还有一些文献考虑了税收和市场支配力等因素。他们同时总结出，由于数据来源、所研究的对象和市场不同，研究结果也存在显著的差异。本书的重点是研究资产证券化活动对商业银行 ROE 的影响，因此，我们仅选择了反映银行结构特征和反映宏观环境的主流变量作为控制变量。

反映银行特征的控制变量包括银行规模（*size*）、流动性比率（*liqratio*）、贷款占比（*loanratio*）、存款占比（*deporatio*）、一级资本充足率（*tier1ratio*）和风险加权资产占比（*rwaratio*）。其中，银行规模为总资产的自然对数；流动性比率为流动性资产占总资产的比重，贷款占比为总贷款占总资产的比重，以上两者反映了银行的资产特征和收益来源；存款占比为存款占总资产的比重，反映了银行的负债特征和融资来源；一级资本充足率为一级资本与风险加权资产之比，反映了银行的风险缓冲能力，该指标可以在一定程度上反映银行经营的稳健性；风险加权资产占比为银行风险加权资产占总资产的比重，根据巴塞尔协议Ⅱ，银行可以采用内部评级法计算风险加权资产，因而可将风险加权资产占比视为衡量银行风险的指标。

反映宏观经济环境的控制变量包括 GDP 实际增长率（*gdpgrowth*）、VIX 指数（*vix*）、三个月期国库券利率（*m3*）和房价（*home*）。其中，GDP 实际增长率反映了经济增长情况；VIX 指数反映了金融市场波动性和投资者避险情绪；三个月期国库券利率反映了金融市场的整体融资成本，它与中央银行货币政策密切相关；房价反映了资产价格，这是影响住房抵押贷款证券化的重要因素。[①]

4. 变量统计描述

表 8-2 列出了非证券化组和证券化组相关变量的均值、中位值、标准差以及非证券化组和证券化组的均值差。可以看出，证券化组 ROE 的均值为 7.32%，大于非证券化组的 6.48%。从 ROE 的三项杜邦分解指标来看，证券化组和非证券化组的杠杆率均值均为 10.24；证券化组的资产周转率为 6.29%，高于非证券化组的 4.10%；证券化组的收入利润率为 27.31%，低于非证券化组的 32.55%。在其余反映银行特征的控制变量中，证券化组的平均规模、贷款占比和风险加权资产占比均高于非证券化组，流动性比率、存款占比和一级资本充足率均低于非证券化组。

表 8-2 证券化组和非证券化组数据统计描述

	非证券化组			证券化组			均值差
	均值	中位值	标准差	均值	中位值	标准差	
secextent				29.08	1.79	77.83	
roe	6.48	5.53	6.62	7.32	6.15	9.79	-0.84***
leverage	10.24	10.27	3.25	10.24	10.55	3.17	0.005
assetturn	4.10	3.72	3.01	6.29	4.43	8.35	-2.19***

[①] GDP 实际增长率来源于美国经济分析局（BEA），VIX 指数来源于 Wind 数据库，房价指数来自联邦住房融资机构（FHFA），三个月期国库券利率来源于美联储（FED）。

	非证券化组			证券化组			均值差
	均值	中位值	标准差	均值	中位值	标准差	
profitrate	32.55	35.00	1.95	27.31	30.60	32.54	5.24***
size	14.62	15.63	1.06	15.50	16.01	2.81	-0.87***
liqratio	31.54	26.29	18.87	26.27	23.94	12.88	5.27***
loanratio	62.27	67.15	18.40	64.05	67.68	15.62	-1.78***
deporatio	74.81	77.93	15.80	70.24	72.63	14.99	4.56***
tier1ratio	17.30	12.86	19.06	11.98	10.67	4.90	5.32***
rwaratio	71.41	71.48	19.80	80.47	78.62	22.31	-9.06***
观测值	2640	2640	2640	2640	2640	2640	2640

注：除了杠杆率（倍数）和规模（银行总资产的自然对数，银行总资产的单位为千美元）以外，其余变量的单位均为 %；***、** 和 * 分别表示通过 1%、5% 和 10% 的显著性检验（下同）。

5. 数据平稳性检验

根据面板数据的特征，本书将利用 HT 面板单位根检验方法对反映银行特征的变量进行单位根检验，结果显示（见表 8-3），面板数据均为平稳序列；利用 DF 检验对反映宏观经济特征的时间序列进行单位根检验，结果显示，在 10% 的显著性水平下，GDP 实际增长率和 VIX 指数为平稳序列，三个月期国库券利率为一阶差分平稳序列，房屋价格为二阶差分平稳序列，因此，我们预先将这两个变量进行差分处理，分别记为 dm3 和 ddhome。

表 8-3 单位根检验结果

	全样本	证券化组	时间序列	DF 检验
	HT 检验	HT 检验		
secextent		-11.613***	*gdpgrowth*	-3.737***
roe	-80.888***	-45.835***	*vix*	-2.819*
leverage	-19.907***	-13.627***	*m3*	-0.878

	全样本	证券化组	时间序列	DF 检验
	HT 检验	HT 检验		
assetturn	-110***	-72.473***	dm3	-3.141**
profitrate	-75.368***	-32.795***	home	-2.416
size	-11.443***	-12.970***	dhome	-1.493
liqratio	-16.215***	-12.837***	ddhome	-8.074***
loanratio	-15.328***	-14.388***		
deporatio	-13.153***	-14.073***		
tier1ratio	-7.221***	-13.116***		
rwaratio	-31.830***	-31.968***		

注：全样本指包括证券化银行和非证券化银行在内的120家银行。HT 检验和 DF 检验的原假设均为"存在单位根"，前者是针对面板数据，后者是针对时间序列。

（三）组内分析：资产证券化活动强度对商业银行 ROE 的影响

1. 基本模型

本节设定的基本回归方程如下：

$$roe_{i,t} = c + \beta \times secextent_{i,t} + controls_{i,t} \times \alpha' + v_i + \mu_{i,t} \qquad 公式（8-1）$$

其中，*roe* 为被解释变量，*i* 表示具体银行，*t* 表示时间，*secextent* 表示证券化活动强度，*controls* 是指其他反映银行结构特征和宏观经济特征的控制性变量，包括银行的流动性比率、贷款占比、存款占比、一级资本充足率、风险加权资产占比、GDP 实际增长率、VIX 指数、三个月期国库券利率和房价指数，v_i 为商业银行的个体效应，$\mu_{i,t}$ 为残差项。我们最关注的系数为 β，预期 β 显著为正。

本书的计量软件采用 Stata。根据 Hausman 检验的结果，本书将采用固定效应模型。基本回归结果显示［见表 8-4 模型（1）］，资产证券化活动强度能够显著增加商业银行的 ROE：资产证券化规模占总资产的比重每上升 1 个百分点，商业银行的 ROE 就将上升 0.0198%。该结果在 1%的水平下显著。就其他控制变量而言，银行规模、存款占比、一级资本充足率、风险加权资产占比、VIX 指数和三个月期国库券利率对商业银行ROE 的影响显著为负；经济增长率对商业银行 ROE 的影响为负，但不显著；流动性比率、贷款占比和房屋价格对商业银行 ROE 的影响为正，但是并不显著。

为了克服可能存在的内生性问题，我们再以解释变量和控制变量的滞后一期值为基础进行固定效应面板回归分析。估计结果［见表 8-4 模型（2）］与模型（1）的结果基本一致，资产证券化活动强度的系数上升至 0.0259，在 1%的水平下显著。流动性比率和贷款占比的影响依然为正，但显著性明显增强；经济增长率的影响由负转正，且在 1%的水平下显著。

2. 稳健性检验

我们将采用三种方法进行稳健性检验：首先，使用差分 GMM 方法重新对原模型进行估计；其次，以证券化活动频率最高的 38 家商业银行为样本单独进行面板分析；最后，引入金融危机虚拟变量，检验金融危机前后资产证券化对商业银行 ROE 的影响是否会发生变化。

（1）使用差分 GMM 方法

本书构造了一个动态面板数据模型，并采用差分 GMM 方法重新验证资产证券化活动强度对商业银行 ROE 的影响。该动态面板模型如下。

$$roe_{i,t} = c + \rho_1 \times roe_{i,t-1} + \cdots + \rho_k \times roe_{i,t-k} + \beta \times secextent_{i,t} +$$

$$controls_{i,t} \times \alpha' + v_i + \mu_{i,t} \qquad \text{公式（8–2）}$$

我们将分别采用 Sargan 检验和 Arellano-Bond 检验对工具变量的有效性和模型设置的合理性进行判定。其中，Sargan 检验用来检验工具变量的过度识别问题，即检验工具变量是否有效，原假设为工具变量有效。Arellano-Bond 检验用于检验差分后的扰动项是否存在自相关，一般包括一阶自相关 AR（1）检验和二阶自相关 AR（2）检验，原假设为差分后的残差项不存在自相关。如果 AR（1）存在自相关，但 AR（2）不存在自相关，则差分 GMM 是有效的。

我们将 ROE 的滞后一至四期值、资产证券化活动强度、银行规模和一级资本充足率设置为内生变量。Sargan 检验的 P 值大于 0.1，表示接受工具变量有效的原假设。Arellano-Bond 检验的 AR（1）统计量拒绝了扰动项一阶序列无自相关的原假设，AR（2）统计量接受了扰动项二阶序列无自相关的原假设，这表明本动态面板的差分 GMM 系统是有效的。表 8–4 中的模型（3）显示了差分 GMM 的回归结果。结果显示，资产证券化程度与银行 ROE 仍然保持非常显著的正相关关系，且系数进一步上升至 0.0425。流动性比率和贷款占比的系数由正转负，并分别在1%和5%的水平下显著，存款占比的影响由负转正，但不显著，经济增长率的影响由负转正，但不显著。

（2）仅对证券化活跃组进行回归

各家商业银行并非每个季度都从事证券化活动，因此某些季度的证券化数据为零，而数据的不连续性可能降低回归的准确性，因此，我们将证券化活动频率最高的 38 家银行作为样本单独进行面板回归。我们仍采用固定效应模型，结果显示［见表 8–4 模型（4）］，资产证券化活动强度与商业银行

ROE 之间依然存在非常显著的正相关关系，系数上升为 0.0289。其他控制变量系数的符号及显著性程度与模型（1）基本一致，不同之处包括流动性比率的显著性增强，三个月期国库券利率的显著性有所削弱。

（3）考虑金融危机的冲击

本书的样本期包含了全球金融危机，而金融危机可能导致商业银行的经营行为与经营业绩发生结构性变化，同时也可能引起金融市场对资产证券化的认识发生转变。因此，我们通过引入反映金融危机的虚拟变量（crisis）以及金融危机虚拟变量和资产证券化活动强度的交叉项（crisis × secextent），来研究金融危机本身对商业银行 ROE 的影响，以及金融危机是削弱还是加强了资产证券化对商业银行 ROE 的影响。我们将 2008 年第三季度以前视为危机前，金融危机虚拟变量为 0，将 2008 年第三季度及以后视为危机期间，金融危机虚拟变量为 1。[①] 新的回归模型如下：

$$roe_{i,t} = c + \beta_1 \times secextent_{i,t} + \cdots + \beta_2 \times secextent_{i,t} \times crisis_{i,t} +$$

$$\beta_3 \times crisis + controls_{i,t} \times \alpha' + v_i + \mu_{i,t} \qquad \text{公式（8-3）}$$

根据 Hausman 检验的结果，我们仍采用固定效应模型。回归结果［见表 8-4 模型（5）］显示，即使在考虑全球金融危机的影响之后，资产证券化活动强度对商业银行 ROE 的影响仍然显著为正。此外，模型（5）还产生出两个新的结论：第一，金融危机本身对商业银行 ROE 的影响显著为负，2008 年全球金融危机爆发后，美国商业银行的 ROE 平均下降了 6.56%；第二，金

---

① 虽然从 2007 年下半年起，美国次贷危机就开始浮出水面，但是危机的全面爆发始于 2008 年 9 月雷曼兄弟破产。从 VIX 指数来看，2008 年 9 月起 VIX 指数迅速飙升（在不到 2 个月的时间里增加了 3 倍），市场的避险情绪迅速上升，而且也正是在全球金融危机爆发以后，全球范围内开始对资产证券化的功能与风险进行全面而深刻的反思，并出台相关政策对其监管，美国出台的《多德－弗兰克法案》就是一例。因此，我们将 2008 年第三季度及以后视为危机期间，虚拟变量为 1。

融危机虚拟变量和资产证券化活动强度交叉项的系数显著为负。这表明在金融危机爆发之后，资产证券化对商业银行 ROE 的正向促进作用显著削弱（由危机前的 0.0194 下降至危机后的 0.0007）。原因可能是全球金融危机爆发之后，资产证券化产品面临的监管环境日趋严格，投资者对资产证券化产品的投资更加谨慎等因素所致。

综上所述，三种稳健性检验均显示资产证券化活动强度能够显著增加商业银行的 ROE。因此，可以认为表 8-4 中的固定效应模型（1）具有较强的稳健性。

3．杜邦分解：资产证券化影响商业银行 ROE 的具体渠道

为探讨资产证券化活动影响商业银行 ROE 的具体渠道，我们将分别研究资产证券化活动强度对商业银行杠杆率、资产周转率和收入利润率的影响。根据 Hausman 检验的结果，我们仍采用固定效应模型。

回归结果［见表 8-4 模型（6）和模型（7）］显示，资产证券化活动强度对商业银行杠杆率的影响显著为正，这与 Dionne 和 Harchaoui（2003）、Uzun 和 Webb（2007）以及 Jiangli 和 Pritsker（2008）的研究结果相一致。资产证券化活动强度对资产周转率的影响显著为正［见表 8-4 模型（8）和模型（9）］，这与我们的预期相符。资产证券化活动强度对收入利润率的影响显著为负［见表 8-4 模型（10）和模型（11）］，由此可知，与资产证券化有关的利息让渡、交易成本以及发起人不得不持有一部分股权级资产支持证券等因素降低了相关商业银行的收入利润率。从系数的大小来看，资产证券化活动强度对商业银行资产周转率的影响程度最大，对商业银行杠杆率的影响程度最小，对商业银行收入利润率的影响程度居中。

我们在模型（7）、模型（9）和模型（11）中引入了金融危机虚拟变量，结果显示，金融危机本身对商业银行的杠杆率、资产周转率和收入利润率均

具有显著为负的影响，进而对 ROE 产生了显著的负面影响。另外，金融危机和证券化活动强度的交叉项对杠杆率、资产周转率和收入利润率的影响均为负，但仅对资产周转率和收入利润率的影响是显著的。据此我们认为，资产证券化活动强度对 ROE 的促进作用削弱，主要是金融危机后资产证券化活动强度对商业银行资产周转率的促进作用显著削弱、对收入利润率的负面影响显著增强所致。

4. 抵押贷款证券化与非抵押贷款证券化活动对银行 ROE 的影响

Call Report 根据基础资产将银行资产证券化划分为住房抵押贷款、房屋净值贷款、信用卡贷款、汽车贷款、其他消费者贷款、商业和工业贷款、租赁贷款及其他贷款七类，其中前两项与住房抵押贷款有关。为了区分住房抵押贷款证券化和非住房抵押贷款证券化对商业银行 ROE 的影响，我们将证券化活动分为住房抵押贷款（MBS）和非住房抵押贷款（ABS）两类，分别除以总资产，并用 *mbsextent* 和 *absextent* 表示两类证券化活动强度。在前文分析的基础上，我们将直接引入金融危机虚拟变量，考虑金融危机的影响。

表 8-5 模型（12）分析了 MBS 活动强度对商业银行 ROE 的影响，结果显示，MBS 活动强度本身对 ROE 的影响为正（0.0051），但不显著，金融危机虚拟变量和 MBS 活动强度交叉项的系数为负（-0.0212），也不显著，但是系数较大，这使得金融危机后，MBS 对商业银行 ROE 的影响发生了逆转（从 0.0051 变为 -0.0161）。模型（13）至模型（15）依次分析了 MBS 活动强度对商业银行杠杆率、资产周转率和收入利润率的影响，结果显示，MBS 活动强度对杠杆率、资产周转率和收入利润率的影响均不显著，金融危机虚拟变量和 MBS 活动强度的交叉项对杠杆率的影响显著为负，对资产周转率和收入利润率的影响不显著。

　　表 8-5 模型（16）分析了 ABS 活动强度对商业银行 ROE 的影响，结果显示，ABS 活动强度对 ROE 的影响显著为正（0.0236），金融危机虚拟变量和 ABS 活动强度交叉项的系数显著为负（-0.0169）。模型（17）至模型（19）依次分析了 ABS 活动强度对商业银行杠杆率、资产周转率和收入利润率的影响，结果显示，ABS 显著增加了商业银行的杠杆率、资产周转率，并显著降低了其收入利润率，金融危机虚拟变量和 ABS 活动强度的交叉项对杠杆率和资产周转率的影响不显著，对收入利润率的影响显著为负。

　　由此可见，资产证券化对商业银行 ROE 及其杜邦分解变量的影响主要体现在非住房抵押贷款证券化上。这可以归结为以下两方面的原因：其一，私人金融部门从事的证券化以信用卡应收款、汽车贷款和租赁贷款等非住房抵押贷款为主；其二，美国大部分优质住房抵押贷款主要是通过房地美和房利美等政府支持机构进行证券化。商业银行可直接将符合要求的住房抵押贷款出售给"两房"，因此，商业银行披露的资产证券化数据并未包含这一部分，只包括商业银行自身主导的住房抵押贷款类证券化，这些住房抵押贷款大多属于次级抵押贷款和住房净值贷款，这类贷款证券化的结构可能与商业银行其他优质贷款的证券化结构存在显著差别，诸如追诉权和隐性担保等。例如，Casu 等（2010）就指出不同类型资产证券化对商业银行风险承担的影响显著性存在差异可能是因为不同类型资产证券化过程中，发起人保留的第一损失或者提供的隐性担保不同。Salah 和 Fedhila（2012）也指出，不同类型资产证券化对商业银行稳定性的影响不同可能是因为不同类型资产证券化过程中，发起人提供的隐性追诉权不同。

表8-4 资产证券化程度与银行净资产收益及杜邦分解的结果

	模型（1）固定效应 ROE	模型（2）固定效应 ROE	模型（3）差分 GMM ROE	模型（4）固定效应 ROE	模型（5）固定效应 ROE	模型（6）固定效应 杠杆率	模型（7）固定效应 杠杆率	模型（8）固定效应 资产周转率	模型（9）固定效应 资产周转率	模型（10）固定效应 收入利润率	模型（11）固定效应 收入利润率
secextent	0.0198*** (2.70)	0.0259*** (3.50)	0.0425*** (10.65)	0.0289*** (3.59)	0.0194*** (2.76)	0.0051*** (4.25)	0.0051*** (4.25)	0.0596*** (16.01)	0.0595*** (15.98)	-0.0536** (-2.08)	-0.0553** (-2.22)
crisis					-6.5560*** (-11.51)		-0.4407*** (-4.62)		-0.7213** (-2.42)		-24.3290*** (-12.16)
crisis × *secextent*					-0.0187*** (-2.70)		-0.0013 (-1.13)		-0.0078** (-2.15)		-0.0814*** (-3.04)
size	-4.6640*** (-9.42)	-4.4330*** (-8.77)	-4.8610*** (-5.36)	-4.3678*** (-7.25)	-0.8370 (-0.14)	-0.9029*** (-11.17)	-0.5946*** (-5.77)	-0.4459* (-1.77)	0.0983 (0.30)	-15.394*** (-8.82)	1.6860 (0.78)
liqratio	0.0881 (1.53)	0.1490*** (2.56)	-0.1814*** (-4.23)	0.1092* (1.83)	0.0658 (1.17)	0.1894*** (20.15)	0.1879*** (19.91)	0.0162 (0.55)	0.0188 (0.64)	-0.4412** (-2.17)	-0.5135** (-2.59)
loanratio	0.0747 (1.34)	0.1479*** (2.63)	-0.1040** (-2.04)	0.0827 (1.43)	0.0609 (1.13)	0.1391*** (15.31)	0.1381*** (15.26)	0.0355 (1.25)	0.0350 (1.24)	-0.5919*** (-3.02)	-0.6409*** (-3.38)
deporatio	-0.1164*** (-4.51)	-0.0884*** (-3.36)	0.0073 (0.78)	-0.0743*** (-2.66)	-0.0087 (-0.33)	-0.0509*** (-12.07)	-0.0436*** (-9.73)	-0.0267** (-2.03)	-0.0100 (-0.71)	-0.1411 (-1.55)	0.2682*** (2.86)
tier1ratio	-0.4472*** (-5.49)	-0.2504*** (-3.17)	-0.6212*** (-13.83)	-0.5561*** (-6.29)	-0.2416*** (-3.14)	-0.3583*** (-28.35)	-0.3444*** (-26.71)	0.1059*** (2.69)	0.1343*** (3.33)	-0.3727 (-1.37)	0.4026 (1.49)
rwaratio	-0.0971*** (-5.49)	-0.1114*** (-6.24)	-0.2846*** (-18.04)	-0.1241*** (-6.56)	-0.0901*** (-5.24)	-0.0354*** (-12.26)	-0.0349*** (-12.14)	0.0313*** (3.47)	0.0322*** (3.59)	-0.3300*** (-5.29)	-0.3034*** (-5.03)
gdpgrowth	-0.0938 (-1.07)	0.2995*** (3.40)	0.0274 (1.29)	-0.1339 (-1.24)	-0.1162 (-1.35)	-0.0453*** (-3.15)	-0.0469*** (-3.25)	-0.2155*** (-4.80)	-0.2272*** (-5.03)	0.2152 (0.69)	0.1129 (0.37)

续表

	模型（1）固定效应 ROE	模型（2）固定效应 ROE	模型（3）差分GMM ROE	模型（4）固定效应 ROE	模型（5）固定效应 ROE	模型（6）固定效应 杠杆率	模型（7）固定效应 杠杆率	模型（8）固定效应 资产周转率	模型（9）固定效应 资产周转率	模型（10）固定效应 收入利润率	模型（11）固定效应 收入利润率
vix	-0.1500*** (-5.46)	-0.1064*** (-3.85)	-0.0589*** (-8.56)	-0.1605*** (-4.72)	0.0233 (0.77)	-0.0100** (-2.17)	0.0019 (0.38)	-0.0570*** (-4.06)	-0.0359** (-2.25)	0.5314*** (-5.47)	0.1172*** (1.10)
$dm3$	-1.2180** (-2.46)	-1.5080*** (-3.05)	-0.2301** (-2.43)	-1.0519* (-1.71)	-0.4662 (0.93)	0.2309*** (2.86)	0.3444*** (4.11)	-1.1867*** (-4.70)	-0.9778*** (-3.73)	-1.1100 (-0.64)	5.1897*** (2.95)
$ddhome$	0.1048 (0.88)	0.1017 (-0.85)	0.0368 (1.44)	0.1110 (0.76)	0.3340*** (2.85)	-0.0205 (-1.05)	-0.0051 (-0.26)	0.0986 (1.62)	0.1256** (2.04)	0.5589 (1.33)	1.4130*** (3.43)
观测值	2520	2460	2340	1596	2520	2520	2520	2520	2520	2520	2520
R^2	0.09	0.10		0.11	0.14	0.45	0.46	0.30	0.30	0.08	0.14
F	21.51	24.49		17.17	30.71	184.59	159.46	94.17	80.90	19.41	30.64
AR（1）			0.0001								
AR（2）			0.8503								
Sargan 检验			1								

注：模型（1）为固定效应模型；模型（2）为利用解释变量及控制变量的滞后一期值进行回归回归的固定效应模型；模型（3）为两步差分GMM，其中ROE一至四阶滞后项的系数分别为0.3392***（34.67）、-0.0838***（-13.99）、-0.0593***（-8.23）和0.3173***（25.82），括号内为z值；模型（4）表示以证券化活跃组为样本的固定效应模型；模型（5）表示引入金融危机虚拟变量后的回归结果；模型（6）和模型（7）的被解释变量为杠杆率；模型（8）和模型（9）的被解释变量为资产周转率；模型（10）和模型（11）的被解释变量为利润率。除模型（3）括号内为z统计量外，其余回归结果括号内均为t统计量。Sargan检验、AR（1）和AR（2）检验均给出了显著性概率P值。

表8-5 抵押贷款证券化和非抵押证券化与商业银行的盈利水平

	抵押贷款证券化（固定效应）				非抵押贷款证券化（固定效应）			
	模型（12）ROE	模型（13）杠杆率	模型（14）资产周转率	模型（15）收入利润率	模型（16）ROE	模型（17）杠杆率	模型（18）资产周转率	模型（19）收入利润率
mbsextent	0.0051 (0.39)	0.0019 (0.87)	0.0031 (0.44)	-0.0402 (-0.87)				
absextent					0.0236*** (2.84)	0.0063*** (4.55)	0.0797*** (18.60)	-0.0623** (-2.13)
crisis	-6.5748*** (-11.12)	-0.3832*** (-3.87)	-0.7559** (-2.32)	-24.0330*** (-11.57)	-6.6410*** (-11.72)	-0.4361*** (-4.60)	-0.5780** (-1.98)	-25.1260*** (-12.62)
crisis × mbsextent	-0.0212 (-1.00)	-0.0096*** (-2.69)	-0.0052 (-0.45)	-0.1209 (-1.62)				
crisis × absextent					-0.0169** (-2.30)	0.0000 (0.03)	-0.0031 (-0.84)	-0.0787*** (-3.06)
size	-0.6661 (-1.13)	-0.7495*** (-7.56)	-1.5130*** (-4.65)	2.5330 (1.22)	-0.0410 (-0.07)	-0.5928*** (-5.78)	0.2610 (0.83)	2.0092 (0.93)
liqratio	-0.0274 (-0.55)	0.1671*** (20.16)	-0.2144*** (-7.87)	-0.4170** (-2.40)	0.0722 (1.27)	0.1888*** (19.84)	0.0590** (2.01)	-0.5088** (-2.55)
loanratio	-0.0254 (-0.56)	0.1169*** (15.42)	-0.2172*** (-8.72)	-0.4477*** (-2.81)	0.0707 (1.28)	0.1411*** (15.22)	0.0935*** (3.28)	-0.6502*** (-3.34)
deporatio	-0.0219 (-0.83)	-0.0446*** (-10.10)	-0.0133 (-0.92)	0.2019** (2.18)	-0.0109 (-0.40)	-0.0449*** (-9.99)	-0.0179 (-1.29)	0.2721*** (2.88)

续表

	抵押贷款证券化（固定效应）				非抵押贷款证券化（固定效应）			
	模型（12）ROE	模型（13）杠杆率	模型（14）资产周转率	模型（15）收入利润率	模型（16）ROE	模型（17）杠杆率	模型（18）资产周转率	模型（19）收入利润率
tier1ratio	-0.1782** (-2.43)	-0.3244*** (-26.44)	0.3428*** (8.51)	0.1538 (0.60)	-0.2740*** (-3.41)	-0.3533*** (-26.25)	0.0147 (0.35)	0.4448 (1.57)
rwaratio	-0.0679*** (-4.39)	-0.0289*** (-11.16)	0.0971*** (11.40)	-0.3644*** (-6.70)	-0.0978*** (-5.35)	-0.0370*** (-12.10)	0.0014 (0.14)	-0.2915*** (-4.54)
gdpgrowth	-0.0941 (-1.10)	-0.0473*** (-3.29)	-0.2325*** (-4.93)	0.2612 (0.87)	-0.1054 (-1.22)	-0.0429*** (-2.96)	-0.1950*** (-4.38)	0.1055 (0.35)
vix	0.0232 (0.76)	0.0023 (0.46)	-0.0289* (-1.73)	0.1003 (0.94)	0.0235 (0.77)	0.0018 (0.36)	-0.0361** (-2.31)	0.1159 (1.09)
dm3	0.4783 (0.95)	0.3548*** (4.22)	-0.8681*** (-3.15)	4.8863*** (2.76)	0.4191 (0.84)	0.3297*** (3.93)	-1.1478*** (-4.44)	5.2956*** (3.01)
ddhome	0.3337*** (2.84)	-0.0052 (-0.26)	0.1256* (1.94)	1.4171*** (3.43)	0.3360*** (2.86)	-0.0045 (-0.23)	0.1326** (2.19)	1.4072*** (3.41)
观测值	2520	2520	2520	2520	2520	2520	2520	2520
R²	0.14	0.46	0.23	0.13	0.14	0.46	0.32	0.14
F	29.47	157.78	54.91	29.56	30.67	159.64	89.89	30.38

（四）组间分析：资产证券化虚拟变量对商业银行 ROE 的影响

1. 资产证券化虚拟变量对商业银行 ROE 的影响及杜邦分解

组间分析将以资产证券化虚拟变量（sec）为解释变量，探究与处于非证券化组的商业银行相比，证券化组商业银行的 ROE 是否显著高于前者。同样，为了探讨资产证券化活动影响商业银行 ROE 的具体渠道，我们将分别以 ROE、杠杆率、资产周转率和收入利润率作为被解释变量进行回归分析。

由于固定效应模型无法估计不随时间而改变的变量，我们将采用随机效应模型进行分析。表 8-6 模型（20）显示，在控制其他变量的影响后，资产证券化虚拟变量对商业银行 ROE 的影响依然为正，但是并不显著；模型（21）至模型（23）依次分析了证券化虚拟变量对商业银行杠杆率、资产周转率和收入利润率的影响，结果显示：在控制其他变量的影响后，资产证券化对杠杆率的影响为正，但并不显著；资产证券化对资产周转率的影响显著为正；资产证券化对收入利润率的影响为负，但不显著。我们认为，很可能是因为资产证券化对收入利润率的负面影响（虽然不显著，但是系数较大）抵消了资产证券化对资产周转率和杠杆率的正面影响，因此从整体上造成资产证券化对商业银行 ROE 的正向影响不再显著。

2. 双重差分：金融危机对证券化组和非证券化组 ROE 的差别化冲击

我们将在回归模型中引入控制分组效应的证券化虚拟变量，以及控制时间效应的金融危机虚拟变量。通过回归分析，首先计算证券化组商业银行 ROE 在金融危机前后的变化量，以及计算非证券化组商业银行 ROE 在金融危机前后的变化量，然后再计算上述两个变量的差值，以分析金融危机对证券化组和非证券化组盈利能力的冲击是否存在显著差别。这种研究方法被称作双重差分法。具体回归模型如下：

$$roe_{i,t} = c + \beta_1 \times sec_{i,t} + \beta_2 \times sec_{i,t} \times crisis +$$

$$\beta_3 \times crisis + controls_{i,t} \times \alpha' + v_i + \mu_{i,t} \qquad \text{公式（8-4）}$$

回归结果显示 [见表 8-6 模型（24）]：第一，在控制了金融危机的影响与其他变量之后，证券化虚拟变量对商业银行 ROE 的影响在 5% 的水平下显著为正；第二，金融危机本身对商业银行 ROE 的影响显著为负；第三，证券化虚拟变量和金融危机虚拟变量交叉项的系数显著为负，这表明金融危机对资产证券化商业银行 ROE 的负面冲击更大。我们认为，原因可能在于，尽管资产证券化在平时有助于提高商业银行的盈利水平，但与此同时也降低了商业银行的稳定性，这可能与以下三方面因素有关。其一，虽然通过资产证券化，基础资产已经被转移至 SPV 的资产负债表上，但是商业银行会通过流动性增级以及各种形式的留存权益承担相应风险，这违背了资产证券化的风险转移功能。在实际承担风险没有显著改善的情况下，法定资本降低将导致发起人风险缓冲不足（Gorton and Souleles，2005；Acharya et al.，2013）。其二，资产证券化扩大了商业银行的信贷扩张能力。如果商业银行在信贷扩张的过程中降低了信贷标准，那么资产证券化将损害金融系统的稳定性。大量实证分析表明，金融危机前商业银行的信贷标准显著降低（Mian and Sufi，2009；Keys et al.，2010；Nadauld and Sherlund，2013）。其三，商业银行一方面通过资产证券化将信贷资产腾挪至表外，另一方面又在金融市场购入大量的资产支持证券，这导致金融机构之间的关联性加强、系统性风险上升。

表 8-6 组间分析结果

	模型（20）	模型（21）	模型（22）	模型（23）	模型（24）
	随机效应	随机效应	随机效应	随机效应	双重差分
	ROE	杠杆率	资产周转率	收入利润率	
sec	0.9056 （1.25）	0.5528 （1.35）	1.3100** （2.54）	-3.8421 （-1.45）	1.6439** （2.22）
crisis					-3.9612*** （-11.54）
crisis×sec					-2.8591*** （-6.81）
size	-0.6225*** （-4.84）	0.1269*** （2.62）	-0.8600*** （-10.71）	-2.7950*** （-5.79）	0.2040 （1.53）
liqratio	-0.0323 （-1.07）	0.1464*** （19.15）	-0.2661*** （-17.08）	-0.0046 （0.04）	-0.0443 （-1.52）
loanratio	-0.0301 （-1.11）	0.1357*** （19.65）	-0.3025*** （-21.54）	-0.1303 （-1.21）	-0.0171 （-0.65）
deporatio	-0.0858*** （-6.63）	0.0120*** （3.44）	-0.0518*** （-7.50）	-0.2889*** （-5.66）	-0.0351*** （-2.75）
tier1ratio	-0.0068 （-0.72）	-0.0070*** （-3.00）	0.0024 （0.49）	0.0204 （0.54）	-0.0033 （-0.37）
rwaratio	0.0063 （0.70）	-0.0111*** （-4.77）	0.0748*** （15.88）	-0.0403 （-1.12）	-0.0214** （-2.43）
gdpgrowth	0.2190*** （4.06）	-0.0268** （-2.05）	0.0225 （0.83）	0.7546*** （3.47）	0.1209** （2.33）
vix	-0.0796*** （-4.65）	-0.0110*** （-2.68）	-0.0118 （-1.38）	-0.4232*** （-6.12）	0.0583 （-0.08）
dm3	-1.6455*** （-5.35）	-0.1131 （-1.53）	-1.1975*** （-7.77）	0.3127 （0.25）	-0.0240 （-0.08）
ddhome	0.0712 （0.96）	-0.0262 （-1.47）	0.0707* （1.90）	0.5435* （1.81）	0.2551*** （3.55）
观测值	5040	5040	5040	5040	5040
R²	0.03	0.19	0.43	0.04	0.09
Wald 值	170.67	533.86	1177.55	261.10	630.23

注：括号内为 z 统计量。

（五）小结

本节利用美国 2001 年至 2012 年期间的商业银行季度数据，分析了资产证券化活动强度对商业银行净资产收益率（ROE）的影响，并从杜邦分解的视角梳理与比较了资产证券化影响商业银行 ROE 的具体机制。

组内分析的结果显示，资产证券化活动强度与商业银行 ROE 具有显著的正相关性，这一结果具有较强的稳健性。更具体的机制是，资产证券化活动强度越高，商业银行的杠杆率和资产周转率就越高，但与此同时商业银行的收入利润率就越低。从基础资产来看，资产证券化对商业银行 ROE 的促进作用主要体现在非住房抵押贷款证券化上。

组间分析的结果显示，资产证券化的确能够提高商业银行的 ROE，但是作用没有组内分析那么显著。更具体的机制是，资产证券化与杠杆率正相关，与资产周转率正相关，与收入利润率负相关。双重差分的分析结果显示，资产证券化的确有助于提高商业银行的 ROE，但全球金融危机对资产证券化银行的负面冲击更大，这从侧面表明，资产证券化降低了商业银行的稳定性，即在极端事件发生时，证券化银行的损失更加严重。

本书的研究结果对中国的资产证券化实践至少提供了如下启示。第一，实证结果显示，资产证券化能够提高商业银行的 ROE，因此，如果监管当局能尽快建立起与资产证券化相关的法律法规和会计条例，简化证券化审批程序，降低资产支持证券的发行成本，那么资产证券化对中国商业银行的吸引力将显著上升，尤其是当利率市场化降低了中国商业银行的利差收入以及坏账比率上升增加了商业银行的经营风险之后。第二，实证检验显示资产证券化能显著提高银行的资产周转率，因此，在中国政府试图盘活信贷存量的大背景下，资产证券化将是一个非常有效的工具。第三，资产证券化能够提高商业银行的杠杆率，而且一旦爆发金融危机，那么危机对资产证券化活动强度较高的商业银行的冲击要大于对资产证券化活动强度较低的商业银行，这就提醒我们在大力发展资产证券化的同时，要注意吸取美国资产证券化实践的经验教训，做好风险防控工作。例如，限制重复证券化以降低信息不对称；规定合适的风险自留比例、对自留的股权级证券化产品规定更高的风险加权系数，以降低资产证券化过程中的激励扭曲；限制重复抵押，将金融机构的杠杆率控制在合理的范围内；提高证券化信息披露程度，加强对投资者的风险教育，培育良好的金融市场环境。

三　资产证券化会降低商业银行的稳定性吗

（一）研究思路

1. Z 指数：一个反映银行经营稳定性的指标

Z 指数最早在 1952 年由 Roy 提出，用来表示银行的稳定性。按照定义，Z 指数 =（平均资产回报率 + 平均资本比率）/ 平均资产回报率的标准差，Z 指数越大，银行的风险就越低，稳定性越高；反之则相反。

$$Z = \frac{ROA + E/A}{\sigma_{(ROA)}}$$

Z 指数在 1952 年由 Roy 提出，后被 Goyeau 和 Tarazi（1992）、Boyd 等（2006）、Laeven 和 Levine（2008）、Michalak 和 Uhde（2012）、Salah 和 Fedhila（2012）以及 Sarkisyan 和 Casu（2013）等文献用来度量商业银行经

营稳定性的指标。例如，Uhde 和 Heimeshoff（2010）利用 1997 年至 2005
年期间的欧元区 25 国的银行数据进行实证分析发现，国家银行市场的集中
度对欧洲银行的金融稳定性具有负面影响。Michalak 和 Uhde（2012）利
用欧盟 13 国及瑞士商业银行的数据分析了资产证券化对欧洲商业银行稳定
性（Z 指数和 EDF）的影响。结果显示，资产证券化与商业银行稳定性负
相关。Salah 和 Fedhila（2012）以 2001 年至 2008 年期间美国商业银行数据
为样本，分析了资产证券化对银行风险承担（风险加权资产占比）和银行
稳定（Z 指数）的影响。结果显示：一方面，资产证券化会造成商业银行的
信贷质量恶化，以及资产负债表的信用风险上升；另一方面，资产证券化
会显著增加商业银行的稳定性。Sarkisyan 和 Casu（2013）研究了资产证券
化中的利益保留对 Z 指数的影响，认为 Z 指数较好地反映了银行的破产风
险。本节的分析将沿袭以上文献的思路，用 Z 指数表示商业银行经营的稳
定性。

在上一节的研究中，我们阐述了资产证券化对商业银行杠杆率、资产周
转率和收入利润率的影响，并进行了实证检验，结果显示，资产证券化程度
越高，商业银行的杠杆率和资产周转率就越高，收入利润率就越低。资本比
率是杠杆率的倒数，由此可知，资产证券化程度越高，商业银行的资本比率
就越低。$ROA=$ 收入利润率 × 资产周转率，由此可知，资产证券化对商业银
行 ROA 的影响取决于两种效应的强弱。另外，由第二章的模型分析可知，
资产证券化增加了商业银行的净负债供给，商业银行可以将更多的资金投资
于高风险的信贷资产，但与此同时，商业银行收益的波动性也增加，由此我
们可以推断资产证券化程度越高的商业银行，其收益波动性就越大。

2. 实证研究思路

与分析资产证券化活动对商业银行盈利能力的影响类似，本节仍将从组

内分析和组间分析两个维度对资产证券化与商业银行经营稳定性之间的关系进行分析。

组内分析以资产证券化活动强度为解释变量。首先，利用固定效应模型分析资产证券化活动强度对银行 Z 指数的影响；其次，利用资产证券化活跃组、引入金融危机虚拟变量以及替换被解释变量等方法进行稳健性检验；最后，区分不同类型资产证券化对商业银行稳定性的影响。

组间分析以资产证券化虚拟变量为解释变量，分析从事资产证券化与否能否显著影响商业银行的经营稳定性，并通过双重差分法分析金融危机对资产证券化银行和非资产证券化银行稳定性的影响是否存在显著区别。

（二）变量选取及定义

1. 被解释变量

除特别指出外，本节的被解释变量为 Z 指数，Z 指数越大，银行的风险越低，稳定性越高；反之则相反。在稳健性检验中，我们将用风险加权资产占比替代被解释变量。

2. 解释变量

本节的解释变量包括资产证券化程度（*secextent*）和证券化虚拟变量（*sec*）。资产证券化程度为商业银行每个季度资产证券化规模占其总资产的比重，以此来反映银行资产证券化的活动强度。证券化虚拟变量将被用来区分证券化组和非证券化组，其中证券化组为 1，非证券化组为 0。

3. 控制变量

控制变量主要包括两类变量：第一类为反映银行结构特征的控制变量，

包括银行规模（*size*）、流动性比率（*liqratio*）、贷款占比（*loanratio*）、存款占比（*deporatio*）和一级资本充足率（*tier1ratio*）；第二类为反映行业和宏观经济特征的控制变量，包括 GDP 实际增长率（*gdpgrowth*）、VIX 指数（*vix*）、三个月期国库券利率（*m3*）和房价（*home*），定义及含义与上节一致。

4. 变量统计描述和单位根检验

表 8-7 列出了非证券化组和证券化组相关变量的均值、中位值和标准差，以及非证券化组和证券化组的均值差检验的结果（与上一节重复的变量未列出）。可以看出，非证券化组的 Z 指数均值为 26.38，大于证券化组的 22.03；非证券化组的 ROA 的均值为 0.68，小于证券化组的 0.90；非证券化组的 ROA 波动均值为 0.53，小于证券化组的 0.83。Z 指数和 ROA 均为平稳序列。

表 8-7　非证券化组和证券化组数据统计描述

	非证券化组			证券化组			均值差
	均值	中位值	标准差	均值	中位值	标准差	
Z	26.38	23.60	14.18	22.03	20.52	11.22	4.35***
ROA	0.68	0.58	0.74	0.90	0.62	1.90	-0.22***
$\sigma_{(ROA)}$	0.53	0.45	0.35	0.83	0.50	1.11	-0.31***

（三）组内分析：资产证券化活动强度对商业银行稳定性的影响

1. 基本模型

本节设定的基本回归方程如下。

$$Z_{i,t} = c + \beta \times secextent_{i,t} + controls \times \alpha' + v_i + \mu_{i,t} \qquad 公式（8-5）$$

其中，Z 为被解释变量，i 表示具体银行，t 表示时间，$secextent$ 表示证券化活动强度，$controls$ 指其他反映银行结构特征和宏观经济状况的控制变量，包括银行规模、流动性比率、贷款占比、存款占比、一级资本充足率、GDP 实际增长率、VIX 指数、三个月期国库券利率、房价指数，v_i 为商业银行的个体效应，$\mu_{i,t}$ 为残差项。

根据 Hausman 检验结果，我们采用固定效应面板回归模型。基本回归的结果［见表 8-8 模型（1）］表明，从整体上而言，资产证券化活动强度显著降低了商业银行的 Z 指数。资产证券化活动强度每上升 1 个百分点，商业银行 Z 指数将会降低 0.009%，该结果通过了 1% 的显著性检验，换言之，资产证券化越活跃，商业银行稳定性就越差。在其他控制变量中，银行规模、存款占比、一级资本充足率和 GDP 实际增长率对商业银行 Z 指数的影响显著为正；流动性比率、贷款占比和三个月期国库券利率对商业银行 Z 指数的影响显著为负；房价指数对商业银行 Z 指数的影响为正，但并不显著；VIX 指数对商业银行 Z 指数的影响为负，但并不显著。

为了克服可能存在的内生性问题，我们运用解释变量和控制变量的滞后一期值进行固定效应面板回归。回归结果［见表 8-8 模型（2）］与模型（1）基本一致，资产证券化活动强度对 Z 指数的影响系数缩小为 -0.006，但仍在 1% 的水平下显著。其余控制变量对商业银行 Z 指数的影响与模型（1）基本一致。不同之处在于，VIX 指数的影响由负转正，但仍不显著；三个月期国库券利率的显著性下降，变为不显著。

2. 稳健性检验

本节将采用三种方法进行稳健性检验：首先，以证券化活动频率最高的 38 家商业银行为样本单独进行面板分析；其次，引入金融危机虚拟变量，研究金融危机前后资产证券化对商业银行稳定性的影响是否会发生变化；最后，将风险加权资产占比作为被解释变量，代替 Z 指数。

（1）仅考虑资产证券化活跃组

各家商业银行并非每个季度都从事证券化活动，因此某些季度的证券化数据为 0，而数据的不连续性可能降低回归的准确性，因此，我们将证券化活动频率最高的 38 家银行作为样本单独进行面板回归。根据 Hausman 检验的结果，我们仍采用固定效应模型，结果显示 [见表 8-8 模型（3）]，资产证券化活动强度与商业银行 Z 指数之间依然存在负相关关系，但是不显著。其他控制变量系数的符号和显著性程度与模型（1）基本一致，不同之处包括 VIX 指数的影响由负转正，但仍不显著，三个月期国库券利率影响的显著性下降。

（2）考虑金融危机冲击

本书的样本期包含了美国次贷危机与欧洲主权债务危机，而金融危机可能导致商业银行的经营行为与经营业绩发生结构性变化。因此，为了探究全球金融危机前后，资产证券化对商业银行经营稳定性的影响是否存在差异，本节将引入金融危机虚拟变量（crisis），以及金融危机虚拟变量和资产证券化活动强度的交叉项（crisis×secextent）。新回归模型如下：

$$Z_{i,t} = c + \beta_1 \times secextent_{i,t} + \beta_2 \times crisis + \beta_3 \times secextent \times crisis + controls \times \alpha' + v_i + \mu_{i,t} \qquad 公式（8-6）$$

根据 Hausman 检验结果，我们仍采用固定效应面板回归模型。回归结果表明 [见表 8-8 模型（4）]，即使在考虑金融危机影响因素后，资产证券化活动强度对商业银行 Z 指数的影响仍然显著为负。金融危机虚拟变量和资产证券化活动强度交叉项的系数为负，在 10% 的水平下显著。这表明金融危机过后，资产证券化活动强度与商业银行稳定性之间的负相关关系较危机前有所强化，这可能与金融危机过后，资产证券化对商业银行盈利能力的促进作用显著削弱有关。

（3）用风险加权资产占比表示商业银行的风险

风险加权资产占比（*rwaratio*）为银行风险加权资产占总资产的比重，反映了商业银行的风险承担水平。根据巴塞尔协议 II，商业银行可以采用内部评级法计算风险加权资产，因而可将风险加权资产占比视为衡量银行风险的指标。本节将风险加权资产占比作为被解释变量，结果显示 [见表 8-8 模型（5）和模型（6）]，资产证券化活动强度与商业银行的风险加权资产占比存在显著的正相关关系，即资产证券化活动强度越高，商业银行的风险承担就越高，银行的稳定性就越低，这一结论与模型（1）的结论一致。

上述三种稳健性检验均显示，整体而言，资产证券化活动强度将显著降低商业银行的稳定性，这表明模型（1）具有较强的稳健性。

表 8-8　资产证券化程度与商业银行的稳定性

	模型（1）	模型（2）	模型（3）	模型（4）	模型（5）	模型（6）
	固定效应	固定效应	固定效应	固定效应	固定效应	固定效应
	Z 指数	Z 指数	Z 指数	Z 指数	*rwaratio*	*rwaratio*
secextent	-0.009*** (-3.92)	-0.006*** (-2.70)	-0.003 (-0.99)	-0.009*** (-3.95)	0.184*** (24.76)	0.184*** (24.75)
crisis				-0.037 (-0.18)		0.987 (1.47)
crisis × *secextent*				-0.004* (-1.85)		0.005 (0.65)
size	1.527*** (9.11)	1.680*** (9.47)	2.526*** (11.34)	1.583*** (7.38)	-1.729*** (-3.06)	-2.435*** (-3.37)
liqratio	-0.394*** (-20.25)	-0.357*** (-17.46)	-0.445*** (-20.27)	-0.390*** (-19.89)	-0.302*** (-4.61)	-0.301*** (-4.55)

续表

	模型（1）	模型（2）	模型（3）	模型（4）	模型（5）	模型（6）
	固定效应	固定效应	固定效应	固定效应	固定效应	固定效应
	Z 指数	Z 指数	Z 指数	Z 指数	rwaratio	rwaratio
loanratio	-0.283*** （-15.01）	-0.263*** （-13.30）	-0.309*** （-14.53）	-0.282*** （-14.97）	-0.105* （-1.65）	-0.103* （-1.62）
deporatio	0.056*** （6.40）	0.052*** （5.65）	0.079*** （7.67）	0.060*** （6.45）	0.157*** （5.37）	0.139*** （4.43）
tier1ratio	0.522*** （24.26）	0.471*** （20.68）	0.382*** （14.94）	0.527*** （23.76）	-2.510*** （-34.66）	-2.540*** （-34.03）
gdpgrowth	0.109*** （3.66）	0.155*** （5.00）	0.115*** （2.88）	0.102*** （3.39）	-0.142 （-1.42）	-0.135 （-1.33）
vix	-0.008 （-0.84）	0.007 （0.76）	0.002 （0.15）	0.005 （0.50）	-0.090*** （-2.88）	-0.117*** （-3.29）
d*m3*	-0.555*** （-3.31）	-0.118 （-0.68）	-0.412* （-1.81）	-0.528*** （-3.02）	-0.050 （-0.09）	-0.314 （-0.53）
dd*home*	0.021 （0.51）	0.023 （0.54）	0.024 （0.44）	0.023 （0.57）	-0.076 （-0.56）	-0.111 （-0.80）
观测值	2520	2460	1596	2520	2520	2520
R^2	0.35	0.30	0.40	0.35	0.53	0.53
F	130.96	100.47	101.51	109.50	275.34	229.77

注：模型（1）为固定效应模型；模型（2）为利用解释变量及控制变量的滞后一期值进行回归的固定效应模型；模型（3）表示以证券化活跃组为样本的固定效应模型；模型（4）表示引入金融危机虚拟变量后的回归结果；模型（5）和模型（6）的被解释变量为风险加权资产占比。括号内均为 t 统计量。

3. 抵押贷款证券化与非抵押贷款证券化活动强度对银行稳定性的影响

进一步考虑抵押贷款证券化（MBS）和非抵押贷款证券化（ABS）对商业银行稳定性的影响。

表 8–9 中的模型（7）和模型（8）分析了 MBS 活动强度对商业银行 Z 指数的影响。根据 Hausman 检验结果，我们仍采用固定效应模型。回归结果表明：MBS 活动强度对 Z 指数的影响为正（0.002），但不显著，从整体上来讲，MBS 活动强度越高，商业银行的稳定性就越高；金融危机虚拟变量和

MBS 活动强度交叉项的系数为正（0.002），但不显著，这表明金融危机后，住房抵押贷款证券化对商业银行 Z 指数的正向影响有所加强。

表 8-9 中模型（9）和模型（10）分析了 ABS 活动强度对商业银行 Z 指数的影响。根据 Hausman 检验结果，我们仍采用固定效应模型。回归结果表明：ABS 活动强度对 Z 指数的影响显著为负，即 ABS 活动强度越高，商业银行的稳定性就越低。金融危机虚拟变量与 ABS 活动强度交叉项的系数显著为负（-0.006），这表明金融危机过后，ABS 活动强度对商业银行稳定性的负面影响较危机前显著加强。

按照基础资产进行区分后发现：MBS 活动强度越高，商业银行的稳定性就越高，金融危机后该作用有所增强；ABS 活动强度越高，商业银行的稳定性就越低，这一影响在金融危机后显著加强。我们有关于不同类型资产证券化对商业银行稳定性的影响与 Salah 和 Fedhila（2012）的结论基本一致。

表 8-9　抵押贷款证券化和非抵押贷款证券化对商业银行稳定性的影响

	模型（7）	模型（8）	模型（9）	模型（10）
	Z 指数	Z 指数	Z 指数	Z 指数
mbsextent	0.002 （0.53）	0.002 （0.54）		
absextent			-0.011*** （-4.59）	-0.012*** （-4.78）
crisis		-0.110 （-0.53）		0.094 （-0.48）
crisis×mbsextent		0.002 （0.22）		
crisis×absextent				-0.006** （-2.35）
size	1.844*** （12.44）	1.914*** （9.53）	1.461*** （8.67）	1.541*** （7.21）
liqratio	-0.348*** （-22.00）	-0.349*** （-21.90）	-0.403*** （-20.50）	-0.400*** （-20.15）

	模型（7）	模型（8）	模型（9）	模型（10）
	Z 指数	Z 指数	Z 指数	Z 指数
loanratio	-0.236*** （-16.11）	-0.236*** （-16.11）	-0.294*** （-15.27）	-0.295*** （-15.31）
deporatio	0.053 （6.14）	0.055*** （5.99）	0.057*** （6.51）	0.063*** （6.71）
tier1ratio	0.513*** （23.90）	0.515*** （23.29）	0.527*** （24.42）	0.533*** （23.98）
gdpgrowth	0.114*** （3.78）	0.114 （3.79）	0.105*** （3.51）	0.095** （3.17）
vix	-0.009 （-0.91）	-0.006 （-0.57）	-0.009 （-0.96）	-0.006 （-0.53）
dm3	-0.575*** （-3.41）	-0.551*** （-3.14）	-0.539*** （-3.21）	-0.501*** （-2.87）
ddhome	0.021 （0.52）	0.024 （0.59）	0.018 （0.46）	0.022 （0.53）
观测值	2520	2520	2520	2520
R^2	0.34	0.34	0.35	0.35
F 值	128.66	107.17	131.83	110.51

注：括号内均为 t 统计量。

（四）组间分析：资产证券化虚拟变量对商业银行稳定性的影响

1. 资产证券化虚拟变量对商业银行稳定性的影响

组间分析将以资产证券化虚拟变量（sec）为解释变量，探究与处于非证券化组的商业银行相比，证券化组商业银行的稳定性是否显著低于前者。具体回归模型如下：

$$Z_{i,t} = c + \beta_1 \times sec_{i,t} + controls_{i,t} \times \alpha' + v_i + \mu_{i,t} \qquad 公式（8-7）$$

控制变量与组内回归相同。不随时间而变的虚拟变量无法采用固定效应模型，因此，我们将采用随机效应模型进行分析。回归结果［见表 8-10 中模型（11）] 表明：在控制其他变量的影响后，资产证券化虚拟变量对商业银行 Z 指数的影响为负（-3.200），但是并不显著。另外，利用风险加权资产占比为被解释变量进行回归，结果显示 [见表 8-10 中模型（12）]，资产证券化虚拟变量对商业银行风险加权资产占比的影响显著为正（8.725），表明资产证券化银行的风险承担更高。

2. 双重差分：金融危机对资产证券化组和非证券化组的差别化冲击

利用双重差分法，引入金融危机虚拟变量，分析金融危机对资产证券化和非证券化商业银行稳定性的冲击是否存在显著差异。具体回归模型如下：

$$Z_{i,t} = c + \beta_1 \times sec_{i,t} + \beta_2 \times sec \times crisis + \beta_3 \times crisis +$$
$$controls_{i,t} \times \alpha' + v_i + \mu_{i,t} \qquad\qquad 公式（8-8）$$

回归结果 [见表 8-10 模型（13）] 表明：第一，即使在控制金融危机的影响后，资产证券化虚拟变量对 Z 指数的影响依然为负（-2.454），但不显著；第二，金融危机对 Z 指数的影响显著为正（3.239），这反映出金融危机后，商业银行经过一系列整顿后，稳定性显著上升，这可能与金融危机后，商业银行去杠杆化有关；第三，证券化虚拟变量和金融危机虚拟变量交叉项的系数显著为正（1.824），也即金融危机后，从事资产证券化的商业银行的经营稳定性上升显著高于非证券化银行，这可能是证券化银行在金融危机期间的调整力度更大所致。同样，利用风险加权资产占比作为被解释变量进行双重差分，结果 [见表 8-10 中模型（14）] 显示，金融危机后，商业银行的风险加权资产占比显著下降，而且，证券化虚拟变量和金融危机虚拟变量交叉项的系数显著为负，也即金融危机后，从事资产证券化的商业银行的风险承担下降显著大于非证券化银行。

表 8-10　组间分析结果

	模型（11）随机效应 Z 指数	模型（12）随机效应 rwaratio	模型（13）双重差分 Z 指数	模型（14）双重差分 rwaratio
sec	-3.200 （-1.55）	8.725*** （3.57）	-2.454 （-1.17）	8.951*** （3.64）
crisis			3.239*** （10.83）	-1.502*** （-2.75）
crisis×sec			1.824*** （5.39）	-2.355*** （-3.72）
size	-2.843*** （-16.55）	-5.061*** （-17.90）	-4.677*** （-23.52）	-4.122*** （-12.76）
liqratio	-0.178*** （-7.28）	-0.984*** （-22.31）	-0.184*** （-7.67）	-0.967*** （-21.79）
loanratio	-0.193*** （-8.37）	-0.373*** （-9.00）	-0.195*** （-8.68）	-0.358*** （-8.62）
deporatio	-0.128*** （-10.85）	-0.069*** （-3.28）	-0.157*** （-13.55）	-0.046** （-2.17）
tier1ratio	-0.019** （-2.43）	0.032** （2.26）	0.020*** （-2.66）	0.034** （2.45）
gdpgrowth	0.034 （0.78）	-0.236*** （-2.99）	0.059 （1.41）	-0.266*** （-3.38）
vix	0.012 （0.85）	-0.087*** （-3.50）	-0.096*** （-6.54）	-0.018 （-0.66）
dm3	0.087 （0.35）	-0.214 （-0.48）	-1.063*** （-4.31）	0.548* （1.19）
ddhome	0.045 （0.75）	-0.096 （-0.89）	-0.095 （-1.64）	-0.006 （-0.05）
观测值	5040	5040	5040	5040
Wald 值	533.39	1477.00	901.08	1544.81

注：括号内均为 z 统计量。

（五）小结

　　本节利用 2001 年第二季度至 2012 年第一季度期间美国商业银行数据，分析了资产证券化对商业银行经营稳定性的影响。组内分析显示，资产证券化活动强度越高，商业银行的稳定性就越低，这一结果具有较强的稳健性。从基础资产来看，资产证券化对商业银行稳定性的负面影响主要体现在非住房抵押贷款证券化上。组间分析显示，资产证券化的确降低了商业银行的稳定性，但是作用没有组内分析那么显著。双重差分的分析结果显示，金融危机后，受商业银行去杠杆的影响，商业银行的稳定性显著改善，与非证券化组的商业银行相比，证券化组商业银行的稳定性改善更大。本章的研究结果表明：资产证券化在提高商业银行 ROE 的同时，将会降低银行的稳定性。这提醒我们在大力发展资产证券化的同时，要注意吸取美国资产证券化实践的经验教训，做好风险防控工作。

第九章

银行理财产品对商业银行
盈利能力及稳定性的影响

中国资产证券化起步较晚，规模小，与资产证券化有关的数据较少，尚不完整，因此难以利用中国资产证券化的数据分析中国资产证券化与商业银行盈利能力及稳定性的影响。尽管如此，以银行理财产品为核心的中国式影子银行体系在很多方面已经具备了资产证券化的特征，因此，可将其视为中国资产证券化的雏形。无论是在以资产证券化为核心的欧美影子银行体系中，还是在以理财产品为核心的中国式影子银行体系中，商业银行都是最主要的参与者，它们都会对商业银行的盈利能力和稳定性产生影响。在第八章对美国商业银行的实证分析中，我们发现资产证券化增强了商业银行的盈利能力，但同时也降低了商业银行的稳定性。本章将利用中国商业银行的数据，分析银行理财产品发行活跃度对商业银行盈利能力和稳定性的影响，本章仍采用 ROE 反映商业银行的盈利能力，采用 Z 指数反映商业银行的稳定性。

一 理论分析及研究思路

（一）影响机制分析

无论是对 ROE 进行杜邦分解，还是对 Z 指数进行拆解，均可以看出银行理财产品对 ROE 和 Z 指数的影响都是通过影响商业银行的杠杆率、资产周转率和收入利润率来发挥作用的。因此，我们将首先分析银行理财产品对商业银行杠杆率、资产周转率和收入利润率的影响，再讨论本章的实证研究思路。

1. 银行理财产品对商业银行杠杆率的影响

虽然银行理财产品（非保本型理财产品）属于银行表外活动，但其仍然有助于商业银行提高杠杆率。商业银行可以将低质量信贷资产转移至表外，通过银信合作、银证合作和银基合作等模式将其打包成信托收益权或资产管理计划。商业银行再利用发行银行理财产品筹集的资金购买这些资产。这样商业银行就可以减少风险加权资产、降低最低资本要求，进而扩大信贷规模、提高杠杆率。

2. 银行理财产品对商业银行资产周转率的影响

银行理财产品有利于提高商业银行的资产周转率。非保本型银行理财产品不受贷存比限制，无存款准备金要求，有助于商业银行将信贷资产腾挪至表外，增加信贷供给、提高资产周转率。

3. 银行理财产品对商业银行收入利润率的影响

银行理财产品可能降低商业银行收入利润率。首先，较高的预期收益率压缩了商业银行的利差空间。银行理财产品不受存款利率上限管制，其预期收益率通常显著高于同期限定期存款利率，即使考虑到中国人民银行两次提高定期存款利率上浮空间亦是如此。如图9-1所示，2009年至2012年上半年，一年期银行理财产品预期收益率和定期存款之间的利差一度高达7%，并且波动幅度很大，从2012年下半年起，该利差逐渐稳定在2%左右，波动幅度显著下降；2009年至2011年上半年，三个月期银行理财产品收益率和定期存款之间的利差在1%左右，2011年下半年起，该利差扩大至2%。其次，普遍存在的刚性兑付可能损害商业银行的净利润。到目前为止，银行理财产品几乎没有出现过违约事件，而且基本都实现了预期收益，罗荣华等（2013）统计显示，银行理财产品实际到期收益率与预期收益率的平均偏离幅度约为3.27%，华泰证券2014年的一份研究报告显示，2013年公布实际收益率的理财产品占比为53.69%，其中90%以上与预期收益率持平（华泰证券，2014）。没有出现违约事件，并不代表银行理财产品没有出现损失，很可能是商业银行为了维护声誉，利用自有资金填补投资损失的结果。

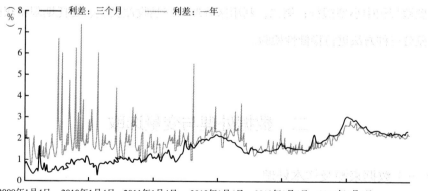

图9-1 定期存款（已考虑上浮）和银行理财产品预期收益率间的利差

资料来源：Wind数据库。

（二）实证研究思路

不难看出，在第一条与第二条渠道中，银行理财产品有助于提高商业银行 ROE，而在第三条渠道中，银行理财产品将会降低商业银行 ROE；在第一条与第三条渠道中，银行理财产品将降低商业银行的 Z 指数，第二条渠道则有助于提高商业银行的 Z 指数，Z 指数反映的是商业银行资产盈利能力和杠杆率之间的权衡。有必要通过实证分析来考察银行理财产品发行对商业银行盈利能力和稳定性的综合影响。本部分的实证研究思路如下。

在盈利能力方面，第一，利用全面可行广义最小二乘（FGLS）回归方法分析银行理财产品发行活跃度及其他控制变量对商业银行 ROE 的影响，并将银行区分为大型银行和中小型银行；第二，通过区分理财产品收益类型、区分理财产品委托期限、引入反映政策变化的虚拟变量进行双重差分三种方法进行稳健性检验；第三，从杜邦分解的角度探讨银行理财产品发行影响商业银行 ROE 的路径。

在稳定性方面，第一，利用全面可行广义最小二乘（FGLS）回归方法分析银行理财产品发行活跃度对商业银行 Z 指数的影响，并将银行区分为大型银行和中小型银行；第二，利用区分理财产品收益类型、委托期限和双重差分三种方法进行稳健性检验。

二　数据处理与变量选取

（一）数据来源及样本处理

本书中商业银行财务数据来源于 Wind 数据库，理财产品数据来源于中国社会科学院金融研究所财富管理研究中心。理财产品可得的数据区间为 2009 年第一季度至 2014 年第三季度，为了建立平衡面板数据，我们剔除了数据区间较短的中国农业银行和光大银行[①]，保留了剩余 14 家上市银行[②]。

我们根据中国人民银行网站的划分标准将 14 家商业银行分为两组：一类是包括工商银行、中国银行、建设银行和交通银行在内的中资全国性大型银行[③]（简称大型银行），成立的时间较早、规模较大、网点多、知名度较高；剩余的 10 家全国性股份制商业银行或城市商业银行则属于中资全国性中小型银行（简称中小型银行），成立的时间较晚、规模较小、网点少、知名度较低。

（二）变量选取及定义

1. 被解释变量

本章的被解释变量主要为净资产收益率 ROE（*roe*）和 Z 指数（*Z*），前者反映商业银行的盈利能力，后者反映商业银行的稳定性。另外，我们还将分别以杠杆率（*leverage*）、资产周转率（*assetturn*）和收入利润率[④]（*profitrate*）作为被解释变量，探讨银行理财产品影响商业银行盈利能力及稳定性的路径。

2. 解释变量

本章的解释变量为理财产品发行活跃度（*wmpext*），它由商业银行季度

---

① 两个银行的上市时间在 2009 年以后，故可得的财务数据区间较短。

② 14 家商业银行包括中国银行、工商银行、建设银行、交通银行、中信银行、民生银行、华夏银行、浦发银行、平安银行、招商银行、兴业银行、北京银行、南京银行、宁波银行。

③ 中国人民银行将本外币资产总量大于等于 2 万亿元的银行（以 2008 年末各金融机构本外币资产总额为参考标准）划分为中资全国性大型银行，包括工商银行、建设银行、农业银行、中国银行、国家开发银行、交通银行和邮政储蓄银行。

④ 中国商业银行利润表并没有直接列出总收入，因此本书将利息收入、手续费及佣金收入、其他业务收入和营业外收入加总表示商业银行的总收入。

理财产品发行规模占其总资产的比重表示。同时，我们还将按照收益类型和委托期限对理财产品进行分类。首先，按照收益类型将理财产品分为保本型理财产品和非保本型理财产品两大类，并分别计算其发行活跃度，即保本型理财产品发行活跃度（*fixwmp*）和非保本型理财产品发行活跃度（*floatwmp*）；其次，按照委托期限将理财产品分为三个月以内的短期理财产品和三个月以上的长期理财产品两大类，并分别计算其发行活跃度、短期理财产品发行活跃度（*shortwmp*）和长期理财产品发行活跃度（*longwmp*）。

3. 控制变量

本章的控制变量包括反映银行个体特征的变量和反映宏观及行业特征的变量。反映银行个体特征的变量包括银行规模、流动性比率、贷款占比、存款占比、核心资本充足率和不良贷款率。其中，银行规模（*size*）为商业银行总资产的自然对数；流动性比率（*liqratio*）为流动性资产[①]占总资产的比重，贷款占比（*loanratio*）为贷款占总资产的比重，两者反映了银行的资产特征；存款占比（*deporatio*）为存款占总资产的比重，反映了银行的负债特征；核心资本充足率（*coreratio*）为核心资本除以风险加权资产，反映了商业银行抵御风险的能力；不良贷款率（*nplration*）为不良贷款占总贷款的比重，是反映商业银行信贷资产质量的指标[②]。反映行业和宏观经济特征的变量包括 GDP 同比增长率（*gdpgrowth*）和总贷款占GDP 的比重（*loan/gdp*）。其中，GDP 同比增速反映了经济增长情况，总贷款占 GDP 的比重反映了金融周期。

---

① 流动性资产包括现金及存放中央银行的存款、存放同业和其他金融机构款项、贵金属、拆出资金和交易性金融资产。

② 中国商业银行风险加权资产占比的数据缺省较多，因此本书利用不良贷款率来反映商业银行的资产质量及风险。

（三）数据统计描述及平稳性检验

表 9-1 显示了总样本、大型银行和中小型银行主要变量的均值、标准差和中位值。14 家商业银行理财产品发行活跃度均值约为 9%，其中，保本型理财产品发行活跃度明显低于非保本型理财产品，短期理财产品发行活跃度明显高于长期理财产品，国有大型银行理财产品发行活跃度显著低于中小型银行。14 家商业银行的 ROE 均值为 4.9%，其中大型银行稍微高于中小型银行；Z 指数的均值为 143.7，其中大型银行明显高于中小型银行；杠杆率的均值约为 17.6，大型银行要低于中小型银行；资产周转率均值约为 1.25%，大型银行略低于中小型银行；收入利润率均值为 23.16%，大型银行要显著高于中小型银行。其余控制变量中，14 家商业银行规模的均值为 28.44，流动性比率的均值约为 21%，贷款占比的均值约为 49%，存款占比的均值约为 72%，核心资本充足率的均值约为 9.36%，不良贷款率的均值约为 0.89%。

根据面板数据的特征，本章利用 HT 面板单位根检验方法对反映银行特征的变量进行单位根检验，结果显示，面板数据均为平稳序列。本书利用 DF 检验对反映宏观经济特征的时间序列进行单位根检验，结果显示，经济增长率和贷款占 GDP 的比重均为平稳序列。

表 9-1　数据统计描述

	全样本			大型银行			中小型银行		
	均值	标准差	中位值	均值	标准差	中位值	均值	标准差	中位值
wmpext	9.176	21.10	4.152	4.001	2.901	3.443	11.250	24.610	4.800
fixwmp	2.467	6.402	0.512	1.005	1.283	0.516	3.052	7.456	0.512
floatwmp	6.709	15.31	3.008	2.996	2.398	2.574	8.194	17.850	3.385
shortwmp	5.715	11.75	2.031	2.670	2.153	2.074	6.933	13.660	1.983

	全样本			大型银行			中小型银行		
	均值	标准差	中位值	均值	标准差	中位值	均值	标准差	中位值
longwmp	3.457	9.895	1.408	1.331	1.030	1.136	4.308	11.590	1.606
roe	4.913	1.043	4.921	4.941	0.859	4.873	4.904	1.110	4.937
Z	143.70	56.70	125.70	183.30	65.24	172.20	127.80	43.90	110.50
leverage	17.630	3.705	16.930	16.090	1.665	15.910	18.240	4.100	17.590
assetturn	1.251	0.193	1.260	1.167	0.116	1.186	1.284	0.207	1.301
profitrate	23.160	5.557	23.100	26.520	4.350	26.150	21.810	5.420	21.720
size	28.440	1.257	28.450	29.930	0.513	30.090	27.850	0.930	28.050
liqratio	20.960	4.070	20.810	21.530	3.058	22.040	20.730	4.396	20.260
loanratio	49.220	7.180	49.910	51.880	2.668	52.560	48.150	8.091	48.370
deporatio	71.630	7.708	72.260	76.660	4.997	76.760	69.620	7.691	70.130
coreratio	9.364	1.588	9.330	10.140	0.834	10.120	9.053	1.709	8.885
nplratio	0.886	0.295	0.875	1.137	0.286	1.025	0.786	0.232	0.760

注：除了杠杆率、Z指数（倍数）和规模（银行总资产的自然对数，银行总资产的单位为元）以外，其余变量的单位均为%。

三 实证分析：银行理财产品对商业银行 ROE 的影响

（一）基本模型

本节的基本模型设定如下：

$$roe_{i,t} = c + \beta \times wmpext_{i,t} + controls_{i,t} \times \alpha' + v_i + \mu_{i,t} \qquad 公式（9-1）$$

其中，ROE（由 *roe* 表示）为被解释变量，*i* 表示具体银行，*t* 表示时间，*wmpext* 表示银行理财产品发行活跃度，*controls* 是指其他反映银行结构特征和宏观经济特征的控制变量，包括银行的流动性比率、贷款占比、存款占比、核心资本充足率、GDP 同比增长率和贷款占 GDP 的比重，v_i 为商业银行的个体效应，$\mu_{i,t}$ 为残差项。

由于此面板数据时间期限为 23 个季度，银行个数为 14 个，属于标准的长面板模型。与短面板模型相比，长面板由于所含时间较长，扰动项可能存在组间异方差、组内自相关和组间同期相关。对此，我们进行了相关性检验，包括用 Wald 方法检验组间异方差、用 Wald 方法检验组内自相关、用 Breusch-Pagan LM 方法检验组间同期相关，结果表明，该面板数据存在显著的组间异方差、组内自相关和组间同期相关。因此，我们将采用全面 FGLS 进行回归估计，并引入银行虚拟变量，以此反映个体效应。

从全样本来看［见表 9-2 模型（1）］，银行理财产品显著降低了商业银行的 ROE，理财产品发行活跃度每上升 1 个百分点，商业银行的 ROE 就下降 0.005 个百分点，该结果在 1% 的水平下显著。就其他控制变量而言，流动性比率、贷款占比、核心资本充足率和不良贷款率对商业银行 ROE 的影响显著为负；银行规模、存款占比和贷款占 GDP 的比重对商业银行 ROE 的影响显著为正；经济增长率对商业银行 ROE 的影响为正，但不显著。进一步将样本中的 14 家商业银行分为大型银行和中小型银行两类，分别对两组银行进行回归分析。结果显示，对大型银行而言［见表 9-2 模型（2）］，理财产品发行显著增加了大型银行的 ROE，理财产品发行活跃度每上升 1 个百分点，大型银行的 ROE 就上升 0.043 个百分点；对中小型银行而言［见表 9-2 模型（3）］，理财产品发行显著降低了中小型银行的 ROE，理财产品发行活跃度每上升 1 个百分点，中小型商业银行的 ROE 就下降 0.006 个百分点。

理财产品发行对不同类型商业银行 ROE 的不同影响，可能与不同类型商业银行发行的理财产品收益率高低不同有关。罗荣华等（2013）研究显示，银行类型会显著影响理财产品的预期收益率，大型银行发行的理财产品收益率显著低于中小型银行。这可能来源于两个方面的原因：其一，大型商业银行的规模大、成立时间早、知名度高，投资者对其发行的理财产品所要求的风险溢价低；其二，大型银行的网点多，中小型银行的网点少，与大型银行相比，中小型银行的存款来源不足，其竞争存款的压力大于大型银行，因此，中小型银行倾向于发行预期收益率较高的理财产品，以吸引投资者。如图 9-2 所示，在 2009 年至 2014 年的绝大部分时间里，股份制商业银行发行的三个月期银行理财产品预期收益率大都高于大型商业银行，特别是从 2012 年起，两者的平均利差明显扩大。

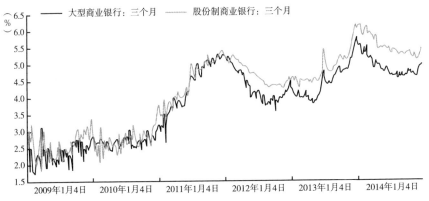

图9-2 大型商业银行和股份制商业银行三个月期理财产品预期收益率对比

资料来源：Wind 数据库。

（二）稳健性检验

1. 区分理财产品的收益类型

按照收益类型，可将银行理财产品大致分为两类：保本型理财产品和非保本型理财产品。根据监管当局要求，保本型理财产品属于银行的自营业务，需要进入资产负债表，视为存款对待；非保本型理财产品属于银行的中间业务，投资风险由客户自行承担，银行收取手续费，无须计入资产负债表，不在贷存比和存款准备金等政策的管理范围内。收益类型不同将影响理财资金的预期收益率和投资策略。我们将分别计算保本型理财产品（*fixwmp*）和非保本型理财产品（*floatwmp*）的活跃度，研究两类理财产品对商业银行 ROE 的影响。

对整体样本而言，结果［见表 9-2 模型（4）和模型（7）］显示，保本型理财产品和非保本型理财产品发行均显著降低了商业银行的 ROE。保本型理财产品活跃度每上升 1 个百分点，商业银行 ROE 就将下降 0.014 个百分点；非保本型理财产品发行活跃度每上升 1 个百分点，商业银行 ROE 就将下降 0.007 个百分点。对大型银行而言，结果［见表 9-2 模型（5）和模型（8）］显示，保本型理财产品和非保本型理财产品发行均增加了大型银行的 ROE。保本型理财产品活跃度每上升 1 个百分点，大型银行 ROE 就将上升 0.048 个百分点，但不显著；非保本型理财产品发行活跃度每上升 1 个百分点，大型银行 ROE 就将上升 0.061 个百分点，在 1% 的水平下显著。对中小型银行而言，结果［见表 9-2 模型（6）和模型（9）］显示，保本型理财产品和非保本型理财产品发行均显著降低了商业银行的 ROE。保本型理财产品活跃度每上升 1 个百分点，中小型银行 ROE 就将下降 0.018 个百分点，在 1% 的水平下显著；非保本型理财产品发行活跃度每上升 1 个百分点，中小型银行 ROE 就将下降 0.007 个百分点，在 5% 的水平下显著。

2. 区分理财产品的委托期限

根据理财产品的期限，我们将委托期限在三个月以内的理财产品划分为短期理财产品，将委托期限在三个月以上的理财产品划分为长期理财产品。委托期限不同同样会影响理财资金的预期收益率和投资策略。我们将分别计算短期理财产品（*shortwmp*）和长期理财产品（*longwmp*）发行活跃度，研究两类理财产品对商业银行 ROE 的影响。

对全样本而言［见表 9–3 模型（10）和模型（13）］，无论是短期理财产品还是长期理财产品发行活跃度都将显著降低商业银行的 ROE。短期理财产品发行活跃度每上升 1 个百分点，商业银行 ROE 就将下降 0.006 个百分点；长期理财产品发行活跃度每上升 1 个百分点，商业银行 ROE 就将下降 0.011 个百分点。对大型银行而言［见表 9–3 模型（11）和模型（14）］，无论是短期理财产品还是长期理财产品发行活跃度都增加了商业银行的 ROE。短期理财产品发行活跃度每上升 1 个百分点，大型银行 ROE 就将上升 0.068 个百分点，在 1% 的水平下显著；长期理财产品发行活跃度每上升 1 个百分点，大型银行 ROE 就将上升 0.08 个百分点，在 10% 的水平下显著。对中小型银行而言［见表 9–3 模型（12）和模型（15）］，无论是短期理财产品还是长期理财产品发行都显著降低了商业银行的 ROE。短期理财产品发行活跃度每上升 1 个百分点，中小型银行 ROE 就将下降 0.008 个百分点，在 5% 的水平下显著；长期理财产品发行活跃度每上升 1 个百分点，中小型银行 ROE 就将下降 0.012 个百分点，在 1% 的水平下显著。

3. 考虑监管政策的冲击

2005 年 11 月，中国银监会颁发《商业银行个人理财业务管理暂行办法》和《商业银行个人理财业务风险管理指引》，标志着国内银行理财业务真正开始步入发展轨道。此后，银监会陆续出台了一系列政策法规，逐渐对银行理财产品的信息披露、核算、销售、风险及投资进行规范管理，并简化理财产品发行程序。2010 年后，商业银行为了规避监管当局的贷存比限制、信贷数量和信贷投向调控，大量发行理财产品筹集资金，并通过银信合作和银证合作等方式变相放贷，对金融稳定以及经济结构调整造成潜在威胁。监管当局对银行理财产品的监管显著趋严，并引导银行理财产品逐渐向传统财富管理的方向发展。其中，2011 年 1 月中国银监会出台了《关于进一步规范银信理财合作业务的通知》，规定商业银行应在 2011 年底前将银信理财合作业务表外资产转入表内；银信合作贷款余额按照每季度至少 25% 的比例予以压缩；对商业银行未转入表内的银信合作信托贷款，各信托公司应当按照 10.5% 的比例计提风险资本；信托公司信托赔偿准备金低于银信合作不良信托贷款余额 150% 的或低于银信合作信托贷款余额 2.5% 的，信托公司不得分红。该政策限制了商业银行通过银信合作变相放贷的企图，促使商业银行转向银证合作、银基合作等通道类业务进行变相放贷。在此背景下，中国银监会于 2013 年 3 月出台了《关于规范商业银行理财业务投资运作有关问题的通知》（8 号文），对银行理财产品的投资经营进行了较为严格的限制，规定商业银行应当合理控制理财资金投资非标准化债权资产的总额，理财资金投资非标准化债权资产的余额在任何时点均以理财产品余额的 35% 和商业银行上一年度审计报告披露总资产的 4% 之间孰低者为上限。该法规对限制商业银行的非标业务起到了显著的作用。

作为稳健性检验之一，我们将以上两项政策作为银行理财产品市场发展的外生冲击，运用双重差分法分析两次政策对商业银行理财产品发行边际收益的影响。模型如下：

$$roe_{i,t} = c + \beta_0 \times wmpext_{i,t} + \beta_1 \times wmpext \times r1 + \beta_2 \times wmpext \times r2 +$$
$$controls_{i,t} \times \alpha' + v_i + \mu_{i,t} \qquad\qquad 公式（9-2）$$

其中，r1 代表旨在限制银信合作的第一项政策，该政策规定商业银行应在 2011 年底前将银信理财合作业务表外资产转入表内，因此，我们将 2012

年第一季度及其往后设置为 1；$r2$ 代表旨在限制银行非标业务的第二项政策，我们将 2013 年第一季度及其往后设置为 1。β_1 和 β_2 表示两项政策出台后，发行银行理财产品的边际收益变化。

对全样本而言 [见表 9-3 模型（16）]，β_1 和 β_2 都是负的，这说明两项政策均降低了发行银行理财产品的边际收益。其中，β_1 不显著，β_2 在 1% 的水平下显著，这证明在监管当局叫停银信合作后，商业银行又借道银证合作、银基合作等业务变相放贷，因此，该政策对发行银行理财产品边际收益的影响虽然为负，但并不显著；而 8 号文直接从限制银行理财投资于非标资产的比例入手，显著降低了发行银行理财产品的边际收益。由此可见，对规范银行理财产品来说，8 号文的效果更明显。与 β_1 和 β_2 为负不同，β_0 的系数为正，这表明银行理财产品发行活跃度对商业银行 ROE 的负面影响与监管当局对银行理财产品的监管趋严导致发行银行理财产品的边际收益下降有关。在区分了银行类型后，我们发现两项政策同时降低了大型银行和中小型银行发行理财产品的边际收益，但是不显著 [见表 9-3 模型（17）和模型（18）]。

综上所述，我们利用区分理财产品收益类型、委托期限和引入与银行理财产品相关的监管政策冲击三种方法进行了稳健性检验。结果证明，本书的实证结果具有一定的稳健性。

（三）杜邦分解

为探讨银行理财产品影响商业银行 ROE 的具体路径，我们将分别研究银行理财产品发行活跃度对商业银行杠杆率、资产周转率和收入利润率的影响。

对全样本而言 [见表 9-4 模型（1）、模型（4）、模型（7）]，理财产品发行活跃度越高，商业银行的杠杆率就越高，资产周转率就越高，而收入利

表 9-2　银行理财产品对商业银行 ROE 的影响（一）

	模型（1）全样本	模型（2）大型银行	模型（3）中小型银行	模型（4）全样本	模型（5）大型银行	模型（6）中小型银行	模型（7）全样本	模型（8）大型银行	模型（9）中小型银行
wmpext	-0.005*** (-4.23)	0.043*** (2.73)	-0.006*** (-2.90)						
fixwmp				-0.014*** (-3.37)	0.048 (1.22)	-0.018*** (-3.03)			
floatwmp							-0.007*** (-4.32)	0.061*** (3.17)	-0.007** (-2.53)
size	0.954*** (2.91)	1.046* (1.65)	0.417 (0.91)	0.809** (2.51)	1.302* (1.86)	0.232 (0.51)	0.958*** (2.94)	1.163* (1.90)	0.426 (0.93)
liqratio	-0.027*** (-2.88)	-0.019 (-0.58)	-0.030** (-2.09)	-0.024** (-2.58)	-0.005 (-0.17)	-0.027* (-1.89)	-0.030*** (-3.21)	-0.022 (-0.67)	-0.032** (-2.15)
loanratio	-0.029** (-2.40)	0.015 (0.43)	-0.037* (-1.87)	-0.029** (-2.36)	-0.001 (-0.04)	-0.035* (-1.78)	-0.029** (-2.45)	0.027 (0.77)	-0.037* (-1.86)
deporatio	0.039*** (4.81)	0.050** (2.06)	0.036** (2.52)	0.035*** (4.51)	0.062*** (2.75)	0.032** (2.30)	0.040*** (4.91)	0.051** (2.06)	0.036** (2.48)
coreratio	-0.292*** (-11.32)	-0.215** (-2.02)	-0.300*** (-8.24)	-0.285*** (-10.59)	-0.248** (-2.28)	-0.301*** (-8.30)	-0.292*** (-11.70)	-0.196* (-1.84)	-0.296*** (-8.18)
nplratio	-1.935*** (-9.99)	-3.465*** (-7.87)	-1.520*** (-4.93)	-1.945*** (-10.18)	-3.341*** (-7.07)	-1.462*** (-4.73)	-1.919*** (-9.99)	-3.509*** (-8.18)	-1.523*** (-4.92)
gdpgrowth	0.037 (0.86)	0.198*** (3.2)	0.003 (0.05)	0.038 (0.87)	0.192*** (2.88)	-0.018 (-0.24)	0.035 (0.80)	0.206*** (3.36)	0.006 (0.09)
loan/gdp	0.037*** (4.94)	0.095*** (8.37)	0.013 (1.16)	0.036*** (4.76)	0.091*** (7.33)	0.009 (0.80)	0.036*** (4.82)	0.099*** (8.65)	0.013 (1.18)
Wald 值	1358.11	336.25	569.36	1295.18	342.85	568.67	1381.49	337.05	562.95
观测值	322	92	230	322	92	230	322	92	230

注：括号里为 z 值，***、** 和 * 分别表示在 1%、5% 和 10% 的显著性水平下显著（下同）。

表9-3　银行理财产品对商业银行 ROE 的影响（二）

	模型（10）全样本	模型（11）大型银行	模型（12）中小型银行	模型（13）全样本	模型（14）大型银行	模型（15）中小型银行	模型（16）全样本	模型（17）大型银行	模型（18）中小型银行
wmpext	-0.006** (-2.25)						0.007 (0.99)	0.068*** (3.55)	0.003 (0.36)
shortwmp		0.068*** (3.34)	-0.008** (-1.98)						
longwmp				-0.011*** (-4.42)	0.080* (1.86)	-0.012*** (-3.01)			
wmext×r1							-0.002 (-0.27)	-0.030 (-1.04)	-0.002 (-0.19)
wmext×r2							-0.009*** (-2.93)	-0.014 (-0.49)	-0.006 (-1.39)
size	0.789** (2.44)	0.986* (1.71)	0.296 (0.65)	1.054*** (3.18)	1.177* (1.67)	0.487 (1.07)	1.019*** (3.05)	1.551** (2.06)	0.478 (1.03)
liqratio	-0.030*** (-3.20)	-0.022 (-0.66)	-0.030** (-2.05)	-0.027*** (-2.71)	-0.013 (-0.40)	-0.030** (-2.07)	-0.034*** (-3.45)	-0.024 (-0.70)	-0.036** (-2.39)
loanratio	-0.029** (-2.45)	0.006 (0.18)	-0.037* (-1.84)	-0.027** (-2.17)	0.010 (0.31)	-0.034* (-1.72)	-0.025** (-2.09)	0.017 (0.48)	-0.035* (-1.72)
deporatio	0.035*** (4.49)	0.051** (2.13)	0.033** (2.30)	0.039*** (4.57)	0.052** (2.22)	0.035** (2.48)	0.036*** (4.44)	0.044* (1.76)	0.035** (2.40)
coreratio	-0.282*** (-10.87)	-0.214** (-2.14)	-0.293*** (-8.03)	-0.301*** (-11.35)	-0.199* (-1.81)	-0.300*** (-8.32)	-0.289*** (-11.16)	-0.244** (-2.46)	-0.293*** (-7.92)
nplratio	-1.886*** (-9.92)	-3.653*** (-8.79)	-1.472*** (-4.72)	-1.946*** (-9.88)	-3.392*** (-7.18)	-1.540*** (-5.02)	-1.837*** (-9.78)	-3.32*** (-7.00)	-1.487*** (-4.75)
gdpgrowth	0.033 (0.75)	0.192*** (3.29)	-0.007 (-0.09)	0.050 (1.17)	0.210*** (3.16)	0.012 (0.17)	0.056 (1.26)	0.186*** (3.15)	0.007 (0.10)
loan/gdp	0.033*** (4.40)	0.096*** (8.95)	0.010 (0.91)	0.040*** (5.26)	0.095*** (7.64)	0.015 (1.35)	0.037*** (4.90)	0.095*** (8.70)	0.015 (1.30)
Wald 值	1315.53	366.87	55.92	1333.86	345.78	560.43	1258.80	378.68	524.63
观测值	322	92	230	322	92	230	322	92	230

润率就越低。理财产品每上升 1 个百分点，商业银行的杠杆率就上升 0.006，此结果在 10% 的水平下显著；资产周转率就上升 0.0006 个百分点，此结果在 1% 的水平下显著；收入利润率就下降 0.053 个百分点，此结果在 1% 的水平下显著。该实证结果符合我们的预期，银行理财产品对商业银行收入利润率的负面影响超过了对杠杆率和资产周转率的正向影响，从而导致理财产品对商业银行 ROE 的影响为负。

对于大型银行而言［见表 9-4 模型（2）、模型（5）、模型（8）］，银行理财产品发行活跃度越高，大型银行的杠杆率就越高，资产周转率就越高，收入利润率也越高。理财产品每上升 1 个百分点，大型银行的杠杆率就上升 0.042，此结果在 5% 的水平下显著；资产周转率就上升 0.002 个百分点，但是不显著；收入利润率就上升 0.134 个百分点，此结果在 10% 的水平下显著。

对于中小型银行而言［见表 9-4 模型（3）、模型（6）、模型（9）］，银行理财产品发行活跃度越高，中小型银行的杠杆率就越高，资产周转率就越高，但同时收入利润率就越低。理财产品发行活跃度每上升 1 个百分点，中小型银行的杠杆率就上升 0.009，此结果在 5% 的水平下显著；资产周转率就上升 0.0006 个百分点，此结果在 1% 的水平下显著；收入利润率就下降 0.047 个百分点，此结果在 1% 的水平下显著。

值得注意的是，银行理财产品发行活跃度对大型银行收入利润率的影响显著为正，与前文预期存在偏差，这可能与以下两个方面因素有关：第一，大型银行发行的理财产品收益率普遍低于股份制商业银行；第二，与大型银行合作的企业很多属于大型国企和地方融资平台，在融资时往往存在预算软约束，其对融资成本的敏感度较低，商业银行较容易将发行理财产品增加的融资成本转嫁给这些企业，从而维持一个较为稳定的利差。

表 9-4 杜邦分解结果

	模型(1) 全样本 杠杆率	模型(2) 大型银行 杠杆率	模型(3) 中小型银行 杠杆率	模型(4) 全样本 资产周转率	模型(5) 大型银行 资产周转率	模型(6) 中小型银行 资产周转率	模型(7) 全样本 收入利润率	模型(8) 大型银行 收入利润率	模型(9) 中小型银行 收入利润率
wmpext	0.006* (1.81)	0.042** (2.15)	0.009** (2.42)	0.0006*** (3.63)	0.002 (0.97)	0.0006*** (2.96)	-0.053*** (-8.35)	0.134* (1.88)	-0.047*** (-4.78)
size	-3.258*** (-7.29)	-1.929** (-2.02)	-5.124*** (-7.80)	0.318*** (7.65)	0.193*** (2.65)	0.338*** (5.63)	5.276*** (3.79)	10.926*** (3.28)	1.173 (0.58)
liqratio	-0.046*** (-3.98)	-0.008 (-0.20)	-0.067*** (-3.90)	0.002** (2.32)	0.002 (0.67)	0.003** (2.16)	-0.188*** (-4.28)	-0.198 (-1.20)	-1.412** (-2.35)
loanratio	-0.117*** (-8.06)	-0.118*** (-2.64)	-0.224*** (-10.27)	0.008*** (6.32)	0.007** (2.30)	0.012*** (5.95)	-0.027 (-0.52)	0.230 (1.45)	-0.060 (-0.68)
deporatio	-0.117*** (-10.51)	-0.019 (-0.57)	-0.107*** (-6.79)	0.001 (1.36)	0.0004 (0.17)	0.0005 (0.39)	0.327*** (8.05)	0.402*** (3.21)	0.263*** (4.38)
coreratio	-1.779*** (-48.89)	-1.144*** (-7.82)	-1.886*** (-39.73)	0.013*** (4.55)	0.017 (1.53)	0.015*** (3.99)	0.557*** (5.44)	0.153 (0.3)	0.550*** (3.21)
nplratio	-0.866*** (-3.58)	-2.018*** (-2.90)	0.430 (0.75)	0.051** (2.46)	-0.044 (-0.95)	0.032 (-0.92)	-9.086*** (-9.80)	-15.278*** (-6.84)	-6.470*** (-4.81)
gdpgrowth	-0.070 (-1.4)	-0.050 (-0.52)	-0.011 (-0.13)	-0.025*** (-5.03)	0.016*** (-2.60)	-0.041*** (-4.96)	0.805*** (4.05)	1.552*** (4.68)	0.284 (0.88)
loan/gdp	0.020** (2.4)	0.037** (2.26)	0.008 (0.64)	-0.002*** (-3.06)	-0.0002 (-0.19)	-0.004*** (-2.92)	0.227*** (6.81)	0.532*** (8.73)	0.109** (2.15)
Wald 值	6285.99	406.09	4600.04	541.91	289.95	370.37	1847.82	412.39	471.74
观测值	322	92	230	322	92	230	322	92	230

四　实证分析：银行理财产品发行对商业银行稳定性的影响

（一）基本模型

本节的基本模型设定如下：

$$Z_{i,t} = c + \beta \times wmpext_{i,t} + controls_{i,t} \times \alpha' + v_i + \mu_{i,t} \qquad 公式（9\text{--}3）$$

其中，Z 指数为被解释变量，i 表示具体银行，t 表示时间，$wmpext$ 表示证券化活跃度，$controls$ 是指其他反映银行结构特征和宏观经济特征的控制变量，包括银行的流动性比率、贷款占比、存款占比、核心资本充足率、GDP同比增长率和贷款占 GDP 的比重，v_i 为商业银行的个体效应，$\mu_{i,t}$ 为残差项。与对 ROE 的回归分析相比，我们取消了反映银行信贷质量的不良贷款率指标。

由于此面板数据时间期限为 23 个季度，银行个数为 14 个，属于标准的长面板模型。与短面板模型相比，长面板由于所含时间较长，扰动项可能存在组间异方差、组内自相关和组间同期相关。对此，我们进行了相关检验，包括用 Wald 方法检验组间异方差、用 Wald 方法检验组内自相关、用 Breusch-Pagan LM 方法检验组间同期相关，结果表明，该面板数据存在显著的组间异方差、组内自相关和组间同期相关。因此，我们将采用全面 FGLS 进行回归估计，并引入银行虚拟变量，以此反映个体效应。

从全样本来看，回归结果 [见表 9–5 模型（1）] 显示，银行理财产品显著降低了商业银行的 Z 指数，理财产品发行活跃度每上升 1 个百分点，商业银行的 Z 指数就下降 0.133，该结果在 1% 的水平下显著。就其他控制变量而言，银行规模、流动性比率、贷款占比、存款占比、核心资本充足率和贷款占 GDP 的比重对商业银行 Z 指数的影响显著为正；经济增长率对 Z 指数的影响为负，但不显著。对大型银行而言［见表 9-5 模型（2）］，银行理财产品降低了大型商业银行的稳定性，但并不显著，理财产品发行活跃度每上升 1 个百分点，大型商业银行的 Z 指数就下降 0.191。对中小型银行而言［见表 9-5 模型（3）］，银行理财产品显著降低了中小型银行的稳定性，理财产品发行活跃度每上升 1 个百分点，中小型银行的 Z 指数就降低 0.14。

（二）稳健性检验

1. 区分理财产品的收益类型

对全样本而言，结果［见表 9-5 模型（4）和模型（7）］显示，无论是保本型理财产品还是非保本型理财产品均显著降低了商业银行的 Z 指数。保本型理财产品活跃度每上升 1 个百分点，商业银行 Z 指数就下降 0.417；非保本型理财产品活跃度每上升 1 个百分点，商业银行 Z 指数就下降 0.165。对大型银行而言［见表 9-5 模型（5）和模型（8）］，保本型理财产品和非保本型理财产品均降低了大型银行的 Z 指数，但均不显著。对中小型银行而言［见表 9-5 模型（6）和模型（9）］，保本型理财产品和非保本型理财产品均显著降低了中小型银行的 Z 指数。保本型理财产品发行活跃度每上升 1 个百分点，中小型商业银行的 Z 指数就下降 0.411；非保本型理财产品活跃度每上升 1 个百分点，中小型理财产品的 Z 指数就下降 0.170。

2. 区分理财产品的委托期限

对全样本而言，结果［见表 9-6 模型（10）和模型（13）］显示，无论是短期理财产品还是长期理财产品均显著降低了商业银行的 Z 指数。短期理财产品发行活跃度每上升 1 个百分点，商业银行的 Z 指数就下降 0.196；长期理财产品发行活跃度每上升 1 个百分点，商业银行的 Z 指数就下降 0.281。对大型银行而言 [见表 9–6 模型（11）和模型（14）]，短期理财产品发行活跃度降低了大型银行的 Z 指数，长期理财产品发行活跃度提高了大型银行的 Z 指数，但结果都不显著。对中小型银行而言 [见表 9–6 模型（12）和模型（15）]，无论是短期理财产品还是长期理财产品都显著降低了商业银行的 Z 指数。短期理财产品发行活跃度每上升 1 个百分点，中小型银行的 Z 指数就下降 0.198；长期理财产品活跃度每上升 1 个百分点，中小型银行的 Z 指数就下降 0.303。

3. 考虑监管政策的影响

作为稳健性检验之一，我们仍将本章第二节所述的两项政策作为银行理财产品市场发展的外生冲击，并运用双重差分法分析两次政策是否显著影响银行理财产品的发行对商业银行稳定性的边际影响。

结果显示，对全样本而言 [见表 9–6 模型（16）]，叫停银信合作的政策增加了银行理财产品对商业银行稳定性的负面影响（-0.092），这也说明叫停银信合作的政策并没有起到降低商业银行风险的作用。在监管当局叫停银信合作后，商业银行又借道银证合作等通道业务变相放贷，规避监管。8 号文降低了银行理财产品对商业银行稳定性的负面影响（0.010），有利于提高商业银行的稳定性。这说明 8 号文通过严格限制银行理财投资于非标资产的比例，较为有效地控制了商业银行利用影子银行体系过度承担风险的问题。值得注意的是，两项政策对大型银行和中小型银行稳定性的边际影响显著不同 [见表 9–6 模型（17）和模型（18）]。叫停银信合作的政策显著增加了大型银行的稳定性，但显著降低了中小型银行的稳定性。8 号文增加了大型银行的稳定性，但降低了中小型银行的稳定性，但均不显著。

表9-5 理财产品对商业银行稳定性的影响（一）

	模型（1）全样本	模型（2）大型银行	模型（3）中小型银行	模型（4）全样本	模型（5）大型银行	模型（6）中小型银行	模型（7）全样本	模型（8）大型银行	模型（9）中小型银行
wmpext	-0.133*** (-5.51)	-0.191 (-0.72)	-0.140*** (-4.52)						
fixwmp				-0.417*** (-5.91)	-0.762 (-1.28)	-0.411*** (-4.50)			
floatwmp							-0.165*** (-5.05)	-0.003 (-0.01)	-0.170*** (-3.94)
size	26.378*** (7.30)	43.360*** (3.77)	28.690*** (6.56)	24.480*** (-5.91)	39.420*** (3.32)	25.100*** (5.87)	26.031*** (7.25)	47.979*** (4.12)	28.620*** (6.51)
liqratio	0.192*** (2.74)	-0.795 (-1.55)	0.280*** (2.89)	0.219* (3.25)	-0.711 (-1.26)	0.305*** (3.07)	0.172** (2.41)	-0.793 (-1.53)	0.261*** (2.69)
loanratio	1.282*** (14.28)	0.176 (0.31)	1.478*** (11.10)	1.368*** (15.24)	0.331 (0.57)	1.535*** (11.18)	1.274*** (14.12)	0.080 (0.14)	1.464*** (11.15)
deporatio	0.680*** (8.70)	0.542 (1.1)	0.570*** (5.52)	0.608*** (8.11)	0.531 (1.06)	0.483*** (4.64)	0.663*** (8.29)	0.633 (1.31)	0.559*** (5.35)
coreratio	12.543*** (53.27)	14.902*** (10.11)	12.059*** (39.63)	12.627*** (52.82)	14.607*** (8.93)	12.038*** (37.07)	12.564*** (52.99)	15.467*** (10.54)	12.094*** (39.98)
gdpgrowth	-0.476 (-1.10)	1.517 (1.36)	-0.648 (-1.24)	-0.582 (-1.36)	1.419 (1.31)	-0.874* (-1.67)	-0.462 (-1.07)	1.443 (1.29)	-0.550 (-1.06)
loan/gdp	0.124* (1.91)	0.215 (1.32)	0.118 (1.48)	0.112* (1.73)	0.218 (1.36)	0.077 (0.95)	0.121* (1.86)	0.228 (1.35)	0.125 (1.58)
Wald值	26112.96	4218.93	1703.42	26442.74	4150.41	5384.71	25735.09	4015.71	5954.68
观测值	322	92	230	322	92	230	322	92	230

表 9-6　理财产品对商业银行稳定性的影响（二）

	模型（10）全样本	模型（11）大型银行	模型（12）中小型银行	模型（13）全样本	模型（14）大型银行	模型（15）中小型银行	模型（16）全样本	模型（17）大型银行	模型（18）中小型银行
$wmpext$	-0.196*** (-5.02)						-0.055* (-1.79)	-0.790** (-2.08)	-0.052 (-1.31)
$shortwmp$		-0.351 (-1.01)	-0.198*** (-3.99)						
$longwmp$				-0.281*** (-4.9)	0.567 (0.78)	-0.303*** (-4.23)			
$wmpext×r1$							-0.092** (-2.12)	0.959** (2.02)	-0.098* (-1.83)
$wmpext×r2$							0.010 (0.26)	0.040 (0.10)	-0.011 (-0.25)
$size$	26.017*** (7.07)	40.756*** (3.61)	27.888*** (6.28)	26.697*** (7.90)	48.390*** (4.04)	28.314*** (6.72)	26.299*** (7.65)	34.316*** (2.69)	28.618*** (6.68)
$liqratio$	0.186** (2.48)	-0.821 (-1.61)	0.295*** (2.82)	0.188** (2.87)	-0.825 (-1.57)	0.277*** (2.95)	0.226*** (3.34)	-0.896* (-1.77)	0.280*** (2.95)
$loanratio$	1.290*** (14.39)	0.092 (0.16)	1.506*** (10.59)	1.367*** (14.80)	0.143 (0.26)	1.519*** (11.75)	1.312*** (14.36)	-0.280 (-0.50)	1.475*** (11.35)
$deporatio$	0.659*** (7.95)	.514 (2.05)	0.524*** (4.75)	0.592*** (8.21)	0.625 (1.28)	0.506*** (5.01)	0.636*** (8.37)	0.540 (1.11)	0.532*** (5.31)
$coreratio$	12.731*** (49.17)	14.833*** (9.99)	12.246*** (36.71)	12.439*** (56.68)	15.567*** (10.94)	11.971*** (41.06)	12.474*** (54.85)	14.986*** (10.36)	11.961*** (42.37)
$gdpgrowth$	-0.405 (-0.93)	1.501 (135)	-0.600 (-1.15)	-0.496 (-1.2)	1.419 (1.28)	-0.580 (-1.15)	-0.596 (-1.46)	1.563 (1.36)	-0.816 (-1.60)
$loan/gdp$	0.127* (1.91)	0.92 (1.18)	0.116 (1.42)	0.138** (2.23)	0.234 (1.42)	0.133* (1.72)	0.122* (1.91)	0.091 (0.52)	0.114 (1.43)
Wald 值	25677.20	3913.57	5115.67	28449.00	3835.82	6350.78	27137.94	4884.16	8298.97
观测值	322	92	230	322	92	230	322	92	230

五　小结

本章运用 2009 年至 2014 年中国 14 家上市商业银行财务数据分析了理财产品发行活跃度对商业银行盈利能力和稳定性的影响，并从杜邦分解的角度探讨了银行理财产品影响商业银行盈利水平的路径。

在盈利能力方面，第一，对全样本而言，银行理财产品显著降低了商业银行的 ROE。区分银行类型来看，银行理财产品显著提高了大型银行的 ROE，却显著降低了中小型银行的 ROE，这可能与中小型银行规模较小、网点少和知名度低等因素有关。中小型银行的这些特点一方面导致其风险溢价较高，另一方面导致其存款来源不足，存款竞争压力大。这一结论在区分了理财产品的收益类型和委托期限后仍然成立。第二，叫停银信合作政策以及 8 号文这两项针对银行理财产品的监管政策都降低了发行银行理财产品的边际收益，但是与叫停银信合作相比，8 号文的效果更显著。在考虑到两项政策的影响后，理财产品对商业银行 ROE 的影响由负转正，这说明理财产品对商业银行 ROE 的负面影响与监管当局对理财产品的监管不断趋严有关。第三，杜邦分解结果显示：对全样本和中小型银行而言，银行理财产品一方面显著增加了商业银行的杠杆率和资产周转率，另一方面却显著降低了商业银行的收入利润率，这与我们的预期相符。但对大型银行而言，银行理财产品不仅增加了其杠杆率和资产周转率，还显著增加了其收入利润率。

在稳定性方面，第一，对整体商业银行而言，银行理财产品显著降低了商业银行的稳定性。区分银行类型来看，无论是对于大型银行还是对于中小型银行而言，银行理财产品的发行都降低了其稳定性，但是对大型银行的影响不显著，对中小型银行的影响显著。这一结论在区分了理财产品的收益类型和委托期限后仍然成立。第二，两次监管措施的出台均改善了银行理财产品对大型银行稳定性的负面影响，但加剧了银行理财产品对中小型银行稳定性的负面影响。

实证结果显示，大型银行在理财产品发行上存在显著优势。对于中小型银行而言，银行理财产品并非其进行经营转型的理想工具。中小型银行规模小、知名度低和网点少等特点导致其在发行理财产品时往往不具备优势，融资成本较高。在利率市场化和金融脱媒背景下，商业银行的负债管理必将出现显著的变化，发展资产证券化可能是一个更好的选择。通过资产证券化，商业银行将信贷资产打包、分割成标准化的债券资产，并在资本市场融资。资产支持证券与传统债券和银行理财产品的区别在于，资产支持证券的信用评级及利率主要依靠基础资产的质量和产品的构造，而传统债券和银行理财产品的信用评级及利率则主要依赖于发行主体本身。

第五部分
结论和政策建议

第 十 章

结论和政策建议

一　结论

　　本书在梳理资产证券化相关文献，介绍美国、欧洲、日本和中国等经济体资产证券化实践的基础上，利用美国 2001 年至 2012 年商业银行数据分析了资产证券化对商业银行盈利能力和稳定性的影响，同时，利用 2009 年至 2014 年中国商业银行财务数据和理财产品数据，分析了银行理财产品发行对商业银行盈利能力及稳定性的影响。本书的主要结论如下。

　　第一，本书利用 2001 年至 2012 年美国商业银行的面板数据分析了资产证券化对商业银行盈利能力及稳定性的影响和影响机制。盈利能力方面，资产证券化活动强度与商业银行 ROE 具有显著的正相关性，更具体的机制是，资产证券化活动强度越高，商业银行的杠杆率和资产周转率就越高，但与此同时，商业银行的收入利润率越低。双重差分的结果显示，资产证券化的确有助于提高商业银行的 ROE，但全球金融危机对从事资产证券化业务的商业银行的负面冲击更大，这从侧面说明资产证券化降低了商业银行抵御风险的能力；在稳定性方面，资产证券化活动强度显著降低了商业银行的稳定性。金融危机后，受商业银行去杠杆的影响，商业银行的稳定性显著改善，与非证券化组的商业银行相比，证券化组商业银行的稳定性改善更大。

第二，本书利用 2009 年至 2014 年中国商业银行的面板数据分析了银行理财产品对中国商业银行盈利能力与稳定性的影响及影响机制。在盈利能力方面，对于大型银行而言，银行理财产品发行活跃度越高，其 ROE 就越高，具体的机制是，理财产品发行活跃度越高，大型银行的杠杆率、资产周转率和收入利润率就越高。对于中小型银行而言，银行理财产品发行活跃度越高，其 ROE 就越低，具体的机制是，银行理财产品发行活跃度越高，中小型银行的杠杆率和资产周转率就越高，但同时收入利润率就越低。相比大型银行，这种区别可能与中小型银行的规模小、网点少、知名度低有关，这些特征使得中小型银行发行理财产品时面临较高的风险溢价。在稳定性方面，无论是对于大型银行还是对于中小型银行而言，银行理财产品发行都降低了它们的稳定性，但是对大型银行的影响不显著，对中小型银行的影响显著。由此可见，对于中小型银行而言，银行理财产品并非其进行经营转型的理想工具。

二　中国开展资产证券化实践的意义

（一）资产证券化是利率市场化背景下，商业银行经营转型的重要工具

伴随中国利率市场化步伐加速推进，中国商业银行也在寻求转型，提高

竞争力。首先，利率市场化将导致商业银行的存贷款利差缩小，利息收入下降，商业银行不得不通过金融创新来寻找新的利润增长点，降低对利息收入的依赖程度，将经营重点向中间业务拓展。资产证券化过程中的资金管理、信用担保、贷款回收等一系列中间业务有利于增加银行的非利息收入。其次，利率市场化往往伴随着"金融托媒"，但是"金融托媒"的过程往往是非对称的。虽然近几年中国资本市场迅速发展，直接融资的比重有所增加，但银行贷款仍然是地方政府、企业和居民最主要的融资渠道。2014年1月至5月，中国全社会融资规模增量为 1.4 万亿元，其中银行贷款规模增量为8708 亿元，占社会融资规模增量的比重超过 60%。与此同时，商业银行负债方"金融脱媒"则持续发酵。中国经济持续高速增长，居民财富显著增加。但是受利率管制的影响，居民已经不仅仅满足于将财富配置在银行存款上。银行理财产品和货币市场基金的兴起，使得银行存款出现分流，商业银行面临存款不足的问题。商业银行负债方"金融脱媒"显著快于资产方。在此背景下，商业银行可借助资产证券化将信贷资产打包、分割成债券资产并在资本市场出售，以拓宽融资来源，摆脱存款来源受限的局面。

（二）资产证券化有助于商业银行化解不良资产

2008 年，全球金融危机爆发，中央政府为了防止经济增长"硬着陆"，出台了总规模达四万亿元的一揽子财政刺激计划，并暂时取消了对商业银行的信贷额度控制，这直接导致 2009 年中国人民币贷款增量达到 9.6 万亿元，同比增长 131%。虽然大规模财政货币刺激提振了中国经济的短期增长，但也导致资产价格飙升、部分行业产能过剩和企业部门杠杆率高企等问题。从 2010 年起，中央银行与银监会开始恢复对商业银行的贷款额度控制，并严格控制商业银行向房地产行业和地方融资平台新增贷款。受投资需求惯性和银行逐利动机驱使，商业银行开始大规模发行理财产品，相继通过银信合作、银证合作和银行同业等方式，规避监管，扩大信贷供给，这导致经济体杠杆率进一步上升。随着中国企业的去杠杆化以及国内房地产市场的调整，中国商业银行的不良贷款率可能显著上行。鉴于目前中国政府的债务水平已经远远高于 20 世纪 90 年代末期，因此，与 20 世纪 90 年代末期中国政府主要依靠财政注资来解决不良贷款问题不同，未来中国政府可能不得不依靠更加市场化的手段来应对不良贷款浪潮。而作为提高商业银行流动性的重要手段，资产证券化有望成为未来中国商业银行化解新一轮不良资产浪潮的有力手段。美国、日本和韩国等国都有过利用资产证券化手段化解银行不良资产的经历。例如，美国 MBS市场的兴起就和美国储蓄贷款协会危机密切相关；东南亚金融危机过后，韩国金融机构的不良资产率大幅攀升，韩国政府通过推动资产证券化发展有效地降低了金融机构的不良资产率。这些国家的经验都值得我们借鉴。

（三）发展资产证券化有助于支持经济结构调整和转型升级

中国可以利用资产证券化来支持其经济发展的薄弱环节和重点领域，帮助中国经济实现结构调整和转型升级，推动供给侧结构性改革。例如，可以通过放松中小企业贷款、"三农"贷款、棚户区改造、基础设施建设等领域资产证券化的审批条件，激励商业银行向中小企业与"三农"主体发放更多的贷款，为更多支持经济结构转型的项目提供融资。又如，可以允许小额贷款公司将其发放的小额贷款作为基础资产进行证券化，解决小额贷款企业资金来源不足的问题，并促进中国普惠式金融的持续发展。[①]

[①] 例如，2013 年下半年，阿里金融和东方资产管理公司合作，以阿里金融发放的小额贷款为基础资产发行了两笔资产证券化产品。

（四）资产证券化有利于债券市场发展，满足投资者的需求

　　资产证券化有利于债券市场的广化和深化，满足投资者的投资需求。一方面，资产证券化可以丰富中国债券市场的品种和规模，促进中国债券市场的发展。另一方面，资产证券化为投资者提供了更多投资机会。银行理财产品和货币市场基金的兴起表明投资者对安全性高、流动性强和收益高（与银行存款相比）的金融资产的需求增加。从 2003 年货币市场基金开始运作，截至 2014 年 6 月，中国金融市场已经发行了 186 只货币市场基金，合计份额 1.54 万亿份，资产净值高达 1.55 万亿元。余额宝等互联网金融产品显著带动货币基金规模的扩大。然而，作为一种存款替代品，中国货币市场基金面临与美国 MMMF 类似的投资约束，即货币市场基金只能投资于短期的、高质量的流动性资产。而当前，中国货币市场基金的资产配置多以银行协议存款为主，占比为 80%~90%，这凸显出中国货币市场基金可投资标的短缺的困境。银行理财产品是另一项重要的存款替代品，2014 年，银行理财产品年末余额达 15 万亿元。2013 年，银监会下发 8 号文界定非标资产，并限制银行理财资金投资非标资产规模，要求理财资金投资非标准化债权资产的余额在任何时点均以理财产品余额的 35% 和商业银行上一年度审计报告披露总资产的 4% 之间孰低者为上限。由此可见，随着理财产品和货币市场基金等存款替代物的兴起，以及对其监管逐渐规范，金融市场对高质量的、高流动性的标准化债权资产的需求将上升。

（五）资产证券化有利于促进相关金融服务机构的发展

　　资产证券化有利于促进国内信用评级机构的大发展。资产证券化明确要

求两家具有评级资质的资信评级机构进行信用评级，通过不同评级机构所做出评级结果的相互校验，来对评级机构形成一定的声誉约束，从而达到增强信息披露，有效促进投资者对信用风险的理解和判断，优化投资者的交易决策环境，为投资者提供更加独立、客观、公正的评级服务的目的。与普通债券相比，资产支持证券的评级难度更大。虽然当前中国资产证券化中资产池的结构比较简单，但是随着中国资产证券化的深入，资产池的结构将变得更加复杂，从而对评级机构的业务能力提出更高要求。为适应中国债券市场的发展，提高竞争力，国内评级机构将不断改革创新，提高自身的业务水平和公信力。所以，资产证券化有利于中国评级机构的发展。

资产证券化也将为保险行业的发展提供重要机遇。资产证券化有利于优化金融市场的融资结构，拓宽保险业的发展空间。通过资产证券化，由保险业承接银行业的一部分长期信贷资产，既可以有效地分散银行体系的信贷风险，改善银行的资产负债结构，又可以拓宽保险资金运用渠道，实现银行业和保险业的双赢。此外，保险公司还可以作为资产支持证券的发起人和信用增级机构，通过不同角色多层次参与资产证券化，从而提高保险资金参与金融市场的深度和广度，使得资产证券化成为拓宽保险资金运用渠道的重要举措，成为推动保险业又快又好发展的新的市场力量。

（六）资产证券化有利于中国式影子银行阳光化

中国的资产证券化发展虽然缓慢，但中国金融市场已经产生了规模庞大的影子银行。虽然，以银行理财产品和银信合作为代表的中国式影子银行业务有利于商业银行规避监管当局的贷款规模和存贷比管制，但由于这些业务操作中存在的不规范行为以及蕴藏的高风险，监管当局对其监管日趋严格。而资产证券化一方面能够帮助商业银行将流动性差的信贷资产转移至表外，扩大其信贷投放能力；另一方面，资产证券化的信息披露与透明度要求要远远超过当前的银行理财产品与信托产品，有利于促进中国影子银行体系中的"非标准化债权"向"标准化债权"转变。

三　政策建议

为推动资产证券化实践在中国持续健康发展，本书提出如下政策建议。

第一，加快利率市场化改革。利率管制使得商业银行可以长期坐地收利，因此其在推进资产证券化方面缺乏积极性。取消利率管制将压缩商业银行的利润空间，降低银行对存贷款利差的过度依赖，激励商业银行开展资产证券化业务以提高中间收入占比。

第二，扩大基础资产的范围，允许银行将不良资产证券化。新一轮资产证券化试点要求贷款机构运用优质资产进行证券化。但是，由于利率管制的存在，银行能从优质贷款中获得稳定的利差收入，从而并不愿意将这部分贷款打包证券化。允许贷款机构将部分不良资产证券化，将显著提高贷款机构开展资产证券化业务的积极性。

第三，壮大非银行机构投资者，解决资产支持证券银行互持现象严重的问题。例如，可以引导养老基金、保险资金、货币基金和债券型基金购买资产支持证券，让更多的机构参与到资产证券化中来，解决部分非存款金融中介投资渠道受限的问题。

第四，出台法律法规推动资产证券化常规化发展。中国开展证券化业务已经多年，但是尚未建立起一套比较完善的规范资产证券化发展的法律法规和会计条例。资产证券化交易中的 SPV 设立、真实出售、破产隔离和信用增级等各个环节会牵扯到诸如合同法、担保法、信托法、破产法、证券法和税法等一系列民商法律制度和经济法律制度，因此，证券化的发展离不开特别法的制定和现行法律的调整（李健男，2004）。中国政府应尽快建立起与资产证券化相关的法律法规和会计条例，简化证券化的审批程序，对现行立法中阻碍证券化发展的规定进行合理的调整和突破，确立统一的资产证券化发行、上市及交易规则。

第五，充分吸取美国次贷危机的经验教训，在放松管制的同时注重加强监管，控制风险。实证研究表明，一旦爆发金融危机，危机对资产证券化活动强度较高的商业银行的冲击要大于对资产证券化活动强度较低的商业银行，这就提醒我们在大力发展资产证券化的同时，还要做好风险防控工作。例如，限制重复证券化以降低信息不对称；规定合适的风险自留比例，对自留的股权级证券化产品规定更高的风险加权系数，以降低资产证券化过程中的激励扭曲；限制重复抵押，将金融机构的杠杆率控制在合理的范围内；提高证券化信息披露程度，加强对投资者的风险教育，培育良好的金融市场环境。

参考文献

参考文献

［1］〔美〕安德鲁·戴维森、安东尼·圣德斯、兰玲·沃尔夫、安妮·钦:《资产证券化:构建和投资分析》,王晓芳译,中国人民大学出版社,2006。

［2］长江证券:《资产证券化专题研究:盘活存量资产 释放创新空间》,2014年9月29日。

［3］陈强编《高级计量经济学及 STATA 应用》,高等教育出版社,2014。

［4］陈思翀:《中国信托业:特征、风险与监管》,《国际经济评论》2013年第3期。

［5］楚天舒、毛志荣:《美国、日本资产证券化市场比较及借鉴》,深圳证券交易所综合研究所研究报告,2006。

［6］〔美〕弗兰克·J.法博齐、维诺德·科塞瑞:《资产证券化导论》,宋光辉、刘璟、朱开屿译,机械工业出版社,2014。

［7］高蓓、张明、邹晓梅:《资产证券化的国际经验》,《中国金融》2014年第10期。

［8］巩勋洲、张明:《透视 CDS:功能、市场与危机》,《国际经济评论》2009年第1期。

［9］〔日〕古川令治、张明:《资产证券化手册》,中国金融出版社,2006。

［10］姜超、李宁:《国内资产证券化三种模式详解》,海通证券研究报告,2013年6月3日。

［11］李健男:《中国资产证券化的法律环境分析及立法选择》,《河北法学》2004年第12期。

［12］李晗:《资产证券化国际经验与中国理财业务发展》,《银行家》2013年第6期。

[13] 刘吕科、王高望:《资产证券化、非同质投资者和金融稳定性》,《国际金融研究》2014 年第 12 期。

[14] 刘琪林、李富有:《资产证券化与银行资产流动性、盈利水平及风险水平》,《金融论坛》2013 年第 5 期。

[15] 罗荣华、林华珍、翟立宏:《银行理财产品收益率曲线的构建与分析——基于随机效应半参数模型的方法》,《金融研究》2013 年第 7 期。

[16] 马秋君、李巍:《我国银行结构性理财产品的收益与风险分析》,《经济社会体制比较》2011 年第 6 期。

[17] 倪志凌:《动机扭曲和资产证券化的微观审慎监管——基于美国数据的实证研究》,《国际金融研究》2011 年第 8 期。

[18] 纽楠、邱晔、周腾、杨珺皓:《中国信贷资产证券化行业最新发展与展望》,中诚信国际信用评级有限公司,2014 年 12 月。

[19] 裴平、印文:《中国影子银行的信用创造及其规模测算》,《经济管理》2014 年第 3 期。

[20] 王晓、李佳:《从美国次贷危机看资产证券化的基本功能》,《金融论坛》2010 年第 1 期。

[21] 肖立晟:《人民币理财产品分析》,中国社会科学院世界经济与政治研究所国际金融研究中心工作报告,No.2013W06,2013 年 4 月。

[22] 阎庆民、李建华:《中国影子银行监管研究》,中国人民大学出版社,2014。

[23] 宣昌能、王信:《金融创新与金融稳定:欧美资产证券化模式的比较分析》,《金融研究》2009 年第 5 期。

[24] 殷剑锋、王增武:《影子银行与银行的影子:中国理财产品市场发展与评级(2010~2012)》,社会科学文献出版社,2013。

[25] 赵旭:《日韩资产证券化发展的经验与借鉴》,《亚太经济》2010 年第 4 期。

[26] 郑联盛、张明:《中国银行同业业务:现状、类型、风险和应对》,《金融市

场研究》2014 年第 6 期。

［27］ 张明:《透视 CDO: 类型、构造、评级与市场》,《国际金融研究》2008 年第 6 期。

［28］ 周莉萍:《影子银行体系: 自由银行业的回归》, 社会科学文献出版社, 2013。

［29］ An, X., Y. Deng, S. A. Gabriel, "Value Creation through Securitization: Evidence from the CMBS Market", *Journal of Real Estate Finance and Economics*, 38, 2009.

［30］ Acharya, V. V., and P. Schnabl, "Do Global Banks Spread Global Imbalances? Asset-Backed Commercial Paper during the Financial Crisis of 2007–09", *IMF Economic Review*, 58, 2010.

［31］ Acharya, V. V., P. Schnabl, and G. Suarez, "Securitization Without Risk Transfer", *Journal of Financial Economics*, 107, 2013.

［32］ Affinito, M., and E. Tagliaferri, "Why Do (or Did) Banks Securitize Their Loans? Evidence From Italy", Bank of Italy Working Paper, No.741, 2010.

［33］ Agostino, M., and M. Mazzuca, "Why Do Banks Securitize? The Case of Italy", *Bancaria*, 9, 2009.

［34］ Agarwal, S., Y. Chang, A. Yavas, "Adverse Selection in Mortgage Securitization", *Journal of Financial Economics*, 105, 2012.

［35］ Akerloff, G., "The Market for Lemons: Qualitative Uncertainty and the Market Mechanisim", *Quarterly Journal of Economics*, 84, 1970.

［36］ Albertazzi, U., G. Eramo, L. Gambacorta, and C. Salleo, "Securitization is not That Evil after All", BIS Working Papers, No.341, 2011.

［37］ Altunbas, Y., L. Gambacorta, D. Marques, "Securitication and the Bank Lending Channel", European Central Bank Working Paper Series, No.838, 2007.

［38］ Ambrose, B.W., M. Lacour-Little, A.B. Sanders, "Does Regulatory Capital Arbitrage,

Reputation, or Asymmetric Information Drive Securitization?", *Journal of Financial Services Research*, 28, 2005.

[39]   Anderson, R.G., and C.S. Gascon, "The Commercial Paper Market, the Fed, and the 2007-2009 Financial Crisis", *Federal Reserve Bank of St. Louis Review*, 91(6), 2009.

[40]   Bannier, C.E., and D.N. Hänsel, "Determinants of European Banks' Engagement in Loan Securitization", *Deutsche Bundesbank Discussion Paper, Series2: Banking and Financial Studies*, No.10, 2008.

[41]   Battaglia, F., and A.Gallo, "Securitization and Systemic Risk: An Empirical Investigation on Italian Banks over the Financial Crisis", *International Review of Financial Analysis*, 30, 2013.

[42]   Battaglia, F., A. Gallo, and M. Mazzuca, "Securitized Banking and the Euro Financial Crisis: Evidence from the Italian Banks Risk-Taking", *Journal of Economics and Business*, 76, 2014.

[43]   Basel Committee on Banking Supervision, "Report on Asset Securitization Incentives", BIS Working Paper, 2011.

[44]   Basel Committee on Banking Supervision, "Revisions to the Basel Securitization Framework-Consultative Document", *BIS Publication*, 18, 2012.

[45]   Bedendo, M., and B. Bruno, "Credit Risk Transfer in U.S. Commercial Banks: What Changed during the 2007-2009 Crisis?", *Journal of Banking and Finance*, 36, 2012.

[46]   Benmelech, E., and J. Dlugosz, "The Alchemy of CDO Credit Ratings", NBER Working Paper, No. 14878, 2009.

[47]   Benmelech , E., J. Dlugosz, and V. Ivashina, "Securitization without Adverse Selection: The Case of CLOs", *Journal of Financial Economics*, 106(1), 2012.

[48]   Bernanke, B. , "International Capital Flows and the Return to Safe Asset in the United States 2003-2007", *Financial Stability Review*, 15, 2011.

［49］ Berndt, A., and A. Gupta, "Moral Hazard and Adverse Selection in the Originate-to-Distribute Model of Bank Credit", *Journal of Monetary Economics*, 56, 2009.

［50］ Boyd, J. H., De G. Nicolo, and A. M. Jalal, "Bank Risk-Taking and Competition Revisited: New Theory and New Evidence", IMF Working Paper, No.06/297, 2006.

［51］ Brunnermeier, M. K., "Deciphering the Liquidity and Credit Crunch 2007-08", NBER Working Paper, No.14612, 2008.

［52］ Caballero, R. J., "On the Macroeconomic of Asset Shortage", NBER Working Paper, No.12753, 2006.

［53］ Caballero, R. J., "A Caricature Model of the World Economy", MIT Working Paper, No.10-17, 2010.

［54］ Caballero, R. J., and A. Krishnamurthy, "Global Imbalances and Financial Fragility", NBER Working Paper, No.14688, 2009.

［55］ Caballero, R. J., E. Farhi, and P. O. Gourinchas, "An Equilibrium Model of Global Imbalances and Low Interest Rates", NBER Working Paper, No. 11996, 2006.

［56］ Calomiris, C. and J. Mason, "Credit Card Securitization and Regulatory Arbitrage", Federal Reserve Board of Philadelphia Working Paper, No. 3-7, 2003.

［57］ Carbó-Valverde, S., D. Marques-Ibanez, and F.R. Fernandez, "Securitization, Bank Lending and Credit Quality: The Case of Spain", European Central Bank Working Paper, No.1329, 2011.

［58］ Cardone-Riportella, C., R. S. Medina, A.T. Ponce, "What Drives Bank Securitisation? The Spanish Experience", *Journal of Banking & Finance*, 34 (11), 2010.

［59］ Casu, B., A. Clare, A. Sarkisyan, and S. Thomas, "Does Securitization Reduce Credit Risk Taking? Empirical Evidence from US Bank Holding Companies", Centre for Banking Research Cass Business School City University London Working Paper Series, WP 02/10, 2010.

［60］ Casu, B., A. Sarkisyan, A. Clare, and S.Thomas, "Securitization and Bank Performance", *Journal of Money, Credit and Banking*, 45 (8), 2013.

［61］ Claessens, S., Z. Pozsar, L. Ratnovski, and M. Singh, "Shadow Banking: Economics and Policy", *IMF Staff Discussion Note SDN/12/12*, 2012.

［62］ Coval, J., J. Jurek, and E. Stafford, "The Economics of Structured Finance", *Journal of Economic Perspectives*, 23, 2009.

［63］ Covitz, D., N. Liang, and G. Suarez, "The Evolution of a Financial Crisis: Panic in the Asset-Backed Commercial Paper Market", *Finance and Economics Discussion Series, Divisions of Research & Statistics and Monetary Affairs, Federal Reserve Board*, 2009.

［64］ Criado, S., and A. Rixtel, "Structured Finance and the Financial Turmoil of 2007-2008: An Introductory Overview", Bank of Spanish Working Paper, No. 0808, 2008.

［65］ Dang, T.V., G. Gorton, and B. Holmström, "Opacity and the Optimality of Debt for Liquidity Provision", Unpublished Working Paper, 2009. Online at:http://finance. wharton.upenn.edu/department/Seminar/micro/Holmstrom_Opacity%20%20 Nov%207%202009_09C.pdf.

［66］ Dang, T.V., G. Gorton, and B. Holmström, "Ignorance, Debt and Financial Crises", Unpublished Working Paper, 2012. Online at: http://faculty.som.yale.edu/ garygorton/documents/Paper_Ignorance_000.pdf.

［67］ DeMarzo, P., and D. Duffie, "A Liquidity-based Model of Security Design", *Econometrica*, 67, 1999.

［68］ DeMarzo, P., "The Pooling and Tranching of Securities: A Model of Informed Intermediation", *Review of Financial Studies*, 18, 2005.

［69］ Dietrich, A., and C. Wanzenried, "Determinants of Bank Profitability Before and During the Crisis: Evidence from Switzerland", SSRN Working Paper, No.1370245,

2010. Online at: http://ssrn.com/abstract=1370245.

［70］ Dionne, G., T. M. Harchaoui, "Banks' Capital, Securitization and Credit Risk: An Empirical Evidence for Canada", HEC Working Paper, No.3-1, 2003.

［71］ Elul, R., "Securitization and Mortgage Default", Federal Reserve Bank of Philadelphia Working Paper, No. 9-21/R, 2011.

［72］ Flamini, V., C. McDonald, and L. Schumacher, "The Determinants of Commercial Bank Profitability in Sub-Saharan Africa", IMF Working Paper, WP/09/15, 2009.

［73］ Fitch, Ratings, "The Role of the ECB in Structured Finance", *Europe Special Report*, 2010.

［74］ Franke, G., and J. P. Krahnen, "Default Risk Sharing between Banks and Markets: the Contribution of Collateral Debt Obligation", in Rene Stulz and Mark Carey eds., *The Risks of financial Institution,* Univorsity of Chicago Press, 2005.

［75］ Gambacorta, L., and D. Marques-Ibanez, "The Bank Lending Channel: Lessons From the Crisis", BIS Working Paper, No. 345, 2011.

［76］ Gennaioli, N., A. Shleifer, and R.W. Vishny, "A Model of Shadow Banking", NBER Working Paper, No.17115, 2011.

［77］ Goswami, M., A., Jobst, and X. Long, "An Investigation of Some Macro-Financial Linkages of Securitization", IMF Working Paper, No. WP/09/26, 2009.

［78］ Gorton, G. B., "The Panic of 2007", NBER Working Paper, No. 14358, 2008.

［79］ Gorton, G. B., *Slapped in the Face by the Invisible Hand: Banking and the Panic of 2007,* Oxford University Press, 2010.

［80］ Gorton, G. B., and A. Metrick, "Haircuts", NBER Working Paper, No.15273, 2009.

［81］ Gorton, G. B., and A. Metrick, "Securitization", NBER Working Paper, No.18611, 2012a.

［82］ Gorton, G. B., and A. Metrick, "Securitized Banking and the Run on Repo",

Journal of Financial Economics, 104, 2012b.

［83］ Gorton, G. B., and G. Pennacchi, "Financial Intermediaries and Liquidity Creation", *Journal of Finance*, 45, 1990.

［84］ Gorton, G. B., and G. Ordonez, "Collateral Crisis", NBER Working Paper, No. 17771, 2012.

［85］ Gorton, G. B., and G. Ordonez, "The Supply and Demand of Safe Asset", NBER Working Papers, No. 18732, 2013.

［86］ Gorton, G. B., and N.S. Souleles, "Special Purpose Vehicles and Securitization", NBER Working Paper, No.11190, 2005.

［87］ Gorton, G. B. , S. Lewellen, and A. Metrick, "The Safe-Asset Share", NBER Working Paper, No.17777, 2012.

［88］ Gourinchas, P. O., and O. Jeanne, "Global Safe Asset", BIS Working Paper, No. 399, 2012.

［89］ Goyeau, D., and A.Tarazi, "Évaluation Durisque de Défaillance Bancaire en Europe", *Revue D'economie Politique*, 102, 1992.

［90］ Greenbaum, S. I., and A. V. Thakor, "Bank Funding Modes: Securitization Versus Deposits", *Journal of Banking and Finance*, 11, 1987.

［91］ Hanson S. G., and A. Sunderam, "Are There too Many Safe Securities? Securitization and the Incentives for Information Production", *Journal of Financial Economics*, 108, 2013.

［92］ Haensel, D. N., and J. P. Krahnen, "Does Credit Securitization Reduce Bank Risk? Evidence from the European CDO Market", SSRN Working Paper, No.967430, 2007, Online at http://ssrn.com/abstract=967430.

［93］ International Monetary Fund, "Safe Asset: Financial System Cornerstone?", *Global Financial Stability Report*, 2012.

［94］ Japan Housing Finance Agency, "Summary of JHF Monthly Mortgage-Backed Securities", *JHF Report*, 2014.

［95］ Japan Securities Dealers Association, "Securitization Market Balances Survey Report", 2015.

［96］ Japan Securities Dealers Association, "Securitization Market Trends Survey Report", 2015.

［97］ Jain, P., "J-REIT Market Quality: Impact of High Frequency Trading and the Financial Crisis", NAREIT Conference Paper, 2015.

［98］ Jiangli, W., M. Pritsker, and P. Raupach , "Banking and Securitization", Unpublished Working Paper, 2007, Online at: https://papers.ssrn.com/sol3/papers. cfm?abstract_id=967895.

［99］ Jiangli, W., M. Pritsker, "The Impacts of Securitization on US Bank Holding Companies", Unpublished Working Paper, 2008, Online at: http://dx.doi.org/10.2139/ssrn.1102284.

［100］ Jiang, W., A. Nelson, and E. Vytlacil , "Securitization and Loan Performance: A Contrast of Ex Ante and Ex Post Relations in the Mortgage", Unpublished Working Paper, 2010, Online at: http://ssrn.com/abstract=1571300.

［101］ Jobst, A., "Asset Securitization as a Risk Management and Funding Tool: What Does it Hold in Store for SMES", IMF Working Paper, 2005.

［102］ Keys, B.J., T. Mukherjee, A. Seru, and V. Vig, "Did Securitization Lead to Lax Screening? Evidence from Subprime Loans", *Quarterly Journal of Economics*, 125, 2010.

［103］ Kraemer-Eis, H., M. Schaber, and A.Tappi, "SME Loan Securitization: An Important Tool to Support European SME Lending", European Investment Fund Working Paper, No. 2010/007, 2010.

［104］ Laeven, L., and R. Levine, "Bank Governance, Regulation and Risk-Taking", NBER Working Paper, No. 14113, 2008.

［105］ Loutskina, E., and P. Strahan, "Securitization and the Declining Impact of Bank Finance on Loan Supply: Evidence from Mortgage Originations", *Journal of Finance*, 64 (2), 2006.

［106］ Loutskina, E., "The Role of Securitization in Bank Liquidity and Funding Management", *Journal of Financial Economics*, 100, 2011.

［107］ Martín-Oliver, A., and J. Saurina, "Why Do Banks Securitize Assets?" *XV Spanish Finance Forum Conference Proceedings*, Spanish Finance Association, Palma de Mallorca, 2007.

［108］ Mian, A., and A. Sufi, "The Consequences of Mortgage Credit Expansion: Evidence from the 2007 Mortgage Default Crisis", *Quarterly Journal of Economics*, 124, 2009.

［109］ Michalak, T., and A. Uhde, "Credit Risk Securitization and Bank Soundness in Europe", *Quarterly Review of Economics and Finance*, 52, 2012.

［110］ Myers, S. C., and N. S. Majluf, "Corporate Financing and Investment Decision: When Firm Have Information that Investors Do not Have", *Journal of Financial Economics*, 13, 1984.

［111］ Nadauld, T., and M. Weisbach, "Did Securitization Lower the Cost of Corporate Debt", *Journal of Financial Economics*, 105, 2011.

［112］ Nadauld, T. D., and S. M. Sherlund, "The Impact of Securitization on the Expansion of Subprime Credit", *Journal of Financial Economics*, 107, 2013.

［113］ Ordonez, G., "Sustainable Shadow Banking", NBER Working Paper, No.19022, 2013.

［114］ Packer, F., R. Stever, and C. Upper, "The Covered Bond Market", *BIS Quarterly*

Review, 2007.

[115] Peltzman, S., "Entry into Commercial Banking", *Journal of Law and Economics*, 8, 1956.

[116] Piskorski, T., A. Seru, and V. Vig, "Securitization and Distressed Loan Renegotiation: Evidence from the Subprime Mortgage Crisis", *Journal of Financial Economics*, 97, 2010.

[117] Pozsar, Z. , "Institutional Cash Pool and the Triffin Dilemma of the U.S. Banking System", IMF Working Paper, WP/11/119, 2011.

[118] Pozsar, Z., and M. Singh, "The Non-Bank-Bank Nexus and the Shadow Banking System", IMF Working Paper, WP/11/289, 2011.

[119] Pozsar, Z., T. Adrian, A. Ashcraft, and H. Boesky, "Shadow Banking", Federal Reserve Bank of New York Staff Reports, No. 458, 2010.

[120] Rajan, U., A. Seru, and V. Vig, "The Failure of Models that Predict Failure: Distance, Incentives and Defaults", University of Chicago Unpublished Working Paper, 2011.

[121] Ramgarhia, A., M. Muminoglu, and O. Pankratov, "Whole Business Securitization", in F. J. Fabozzi, M. Choudhry, W. J. Wiley and Sons, eds., *Chapter 19 in the Handbook of European Structured Financial Products*, Hoboken, New Jersey, 2004.

[122] Renzo, G. A., A. G. Pascual, and E. Ribakova, "The Use of Mortgage Covered Bonds", IMF Working Paper, WP/07/20, 2007.

[123] Roy, A. D., "Safety First and the Holding of Assets", *Econometrica*, 20, 1952.

[124] Ruhmann, S., T. Bruce, M. Ritter, and L. Davy, "A Primmer on US Equity REITs and Their Role in an Institutional Investment Portfolio", NEPC Research Paper, 2015.

［125］ Salah, N. B., and H. Fedhila, "Effects of Securitization on Credit Risk and Banking Stability: Empirical Evidence from American Commercial Banks", *International Journal of Economics and Finance*, 4 (5), 2012.

［126］ Sarkisyan, A., and B. Casu, "Retained Interests in Securitization and Implications for Bank Solvency", ECB Working Paper Series, No. 1538 , 2013.

［127］ Scopelliti, A. D., "Off-Balance Sheet Credit Exposure and Asset Securitization: What Impact on Bank Credit Supply?", MPRA Working Paper, No. 43890, 2013.

［128］ Shin, H. S., "Securitisation and Financial Stability", *The Economic Journal*, 119 (536), 2009.

［129］ Shleifer, A., and R.W. Vishny, "Unstable Banking", *Journal of Financial Economics*, 97 (3), 2010.

［130］ Singh, M., and J. Aitken, "The (Sizable) Role of Rehypothecation in the Shadow Banking System", IMF Working Paper, WP/10/172, 2010.

［131］ Stein, J. , "Securitization, Shadow Banking, and Financial Fragility", *Daedalus*, 139 (4), 2010.

［132］ Uhde, A., and T. C. Michalak, "Securitization and Systematic Risk in European Banking: Empirical Evidence", *Journal of Banking and Finance*, 34, 2010.

［133］ Uzun, H., and E.Webb, "Securitization and Risk: Empirical Evidence on US Banks", *The Journal of Risk Finance*, 8 (1), 2007.

附　录

附录1

美国商业银行相关指标计算方法

指标名称	计算方法
总资产	RCFD2170
流动性资产 [a]	RCFD0010+ RCFD1754+RCFD1773+ RCONB987+RCFDB989
总贷款	RCFD2122
总存款	RCFD2200
总权益	RCFD3210
一级资本	RCFD8274
风险加权资产	RCFDA223
证券化资产	RCFDB705+RCFDB706+RCFDB707+RCFDB708+RCFDB709+RCFDB710+RCFDB711
抵押贷款证券化	RCFDB705+RCFDB706
非抵押贷款证券化	RCFDB707+RCFDB708+RCFDB709+RCFDB710+RCFDB711
总利息收入	RIAD4107
总利息支出	RIAD4073
非利息收入	RIAD4079
非利息支出	RIAD4093
净收入	RIAD4340

a. 2001 年流动性资产的计算方法为 RCFD0010+ RCFD1754+RCFD1773+ RCFD1350。

附录2
公积金贷款证券化：中国试点、国际经验与政策建议*

摘　要：中国政府近期推出了住房公积金贷款证券化试点。公积金贷款证券化一方面有助于提高公积金使用效率，促进住房消费；另一方面有望缓解我国房地产去库存压力，巩固并加快城镇化进程。目前，各地的住房公积金管理中心是证券化的发起人。发起人过于分散既不利于降低融资成本，也不利于RMBS市场的培育和发展。本文提出的建议：可考虑成立全国性的公积金贷款证券化机构，发行RMBS；允许公积金管理中心购买公积金贷款支持证券，提高资金跨区使用效率；将公积金贷款支持证券纳入央行合格抵押品范围，以提高其吸引力。与此同时，也要防范公积金贷款证券化可能导致的道德风险，并进一步完善公积金管理制度。

关键词：住房公积金　资产证券化　政府支持机构　RMBS

---

*　本文发表于《国际金融》2016年第3期。

住房公积金是单位及其在职职工缴存的长期住房储金，由职工本人和职工所在单位按职工工资的一定比例共同缴存，并由各地级市设立住房公积金管理中心实施统一管理和运作的资金。缴存资金全部归缴存者所有，缴存者不仅可以提取所缴资金，还可以向住房公积金管理中心申请个人住房贷款，用于购买、建造、翻建、大修自住住房。公积金贷款是我国居民住房金融体系的重要组成部分，截至 2014 年底，我国住房公积金个人住房贷款（以下简称"公积金贷款"）余额为 2.55 万亿元[①]，约占全国个人住房抵押贷款余额的 1/5。2015 年 9 月，住建部、财政部和人民银行联合发布《关于切实提高住房公积金使用效率的通知》，提出要拓宽贷款资金筹集渠道，有条件的城市积极推行公积金贷款资产证券化业务。

我国从 2003 年将房地产定位为国民经济的"支柱产业"以来，房地产投资就大幅增加，房地产市场快速发展。一方面，受前期房价持续攀升，以及政府"千方百计增加住房供应"政策的影响，住房供给大幅增加；另一方面，受收入分配差距不断拉大，以及种种限购政策的影响，居民住房需求增长后继乏力，有效需求不足。因此，当前我国房地产产能过剩明显，库存积压严重，尤其是在三、四线城市。房地产库存过多，需求不足，将导致房价的下行压力增大，房地产企业资金回收困难，这又将进一步影响商业银行的贷款质量，导致银行不良贷款率上升，诱发金融风险。因此，本文认为公积金贷款证券化不仅有助于公积金管理中心盘活数万亿的信贷资产，缓解部分公积金管理中心资金来源紧张、惜贷的问题，从而提高公积金贷款供给，促进住房消费，还有助于缓解我国房地产去库存压力，避免房地产业出现崩溃，从而降低金融风险。此外，还有助于满足城市中低收入阶层和农民工对住房的刚性需求，加快并巩固我国城镇化进程。

[①]　数据来源于《全国住房公积金 2014 年度报告》。以下与公积金相关的数据，除有特殊说明外，均来源于此。

本文包括五部分：第一部分简要介绍我国住房公积金制度的发展和演变，分析公积金贷款的特点；第二部分介绍我国住房抵押贷款证券化现状，分析公积金贷款证券化的意义；第三部分介绍美国和日本住房抵押贷款证券化的国际经验；第四部分结合美日两国住房抵押贷款证券化的国际经验，分析我国公积金贷款证券化的特点；第五部分为结论与政策建议。

一 我国住房公积金制度演变及发展

（一）公积金制度演变及发展

1991 年，我国借鉴新加坡中央公积金制度，率先在上海试点建立单位和个人共同筹资的住房公积金制度，增加职工个人住房消费积累，发放住房建设贷款及个人购房贷款，迈出我国城镇住房制度改革的重要一步。1994 年，国务院下发《关于深化城镇住房制度改革的决定》，决定全面推行住房公积金制度。1998 年，我国实施住房制度改革，停止住房实物分配，逐渐实行住房分配货币化，建立和完善以经济适用房为主的多层次城镇住房供应体系，发展住房金融，调整住房公积金使用方向，停止发放住房公积金住房建设贷款，主要发放个人购房贷款。

1999 年，国务院颁布《住房公积金管理条例》，规定了住房公积金缴存、提取、使用等政策，确立了属地化委员会决策、公积金中心运作、银行专户存储、财政监督的封闭运行体制，为公积金的运行确立了法律基础。2002 年，国务院修订《住房公积金管理条例》，将分散在区县和行业管理的住房公积金逐步上收到由设区城市管理，住房公积金管理由分散走向集中。2009 年，住建部发布《关于利用住房公积金贷款支持保障性住房建设试点工作的实施意见》，规定在优先保证缴存职工提取和个人住房贷款、留足备付准备金的前提下，可将 50% 以内的住房公积金结余资金以贷款方式用来支持保障性住房建设。2015 年，国务院发布《住房公积金管理条例（修订送审稿）》，进一步规范缴存政策，放宽提取条件，增强流动性，促进资金保值增值，缩短贷款和提取的审批时限。

（二）住房公积金贷款的特点

个人住房贷款是住房公积金最主要的投资方向。缴存者在满足一定缴存年限后就可以向所属住房公积金管理中心申请个人住房贷款，用于购买、建造、返修和大修自住住房。截至 2014 年，全国住房公积金缴存余额 3.7 万亿元，个人住房贷款余额为 2.55 万亿元，整体个贷率为 68.9%[①]。总体而言，我国公积金贷款主要有四大特点。

其一，住房公积金贷款政策性强，贷款利率低。住房公积金制度是我国住房保障制度的重要组成部分，旨在提高城镇居民的居住水平，因此，住房公积金贷款的利率较低。以五年期以上贷款为例，公积金贷款利率要低于银行贷款基准利率 1.5 个至 2.6 个百分点（见图 1）。1999 年 6 月至 2015 年 12 月，我国五年期以上住房公积金贷款利率平均为 4.39%，同期银行贷款基准利率约为 6.33%。公积金贷款利率低很可能导致所发行的 RMBS 融资成本高十资产池的收益，从而需要公积金中心进行贴息。

其二，公积金贷款的安全性高。首先，公积金覆盖范围主要是国家机关、事业单位和国有企业，这些单位的职工收入来源稳定，受宏观经济和就业形势影响相对较小。其次，公积金贷款最高限额低，杠杆率低。以北

---

① 个贷率 = 公积金贷款余额 / 公积金缴存余额 ×100%。

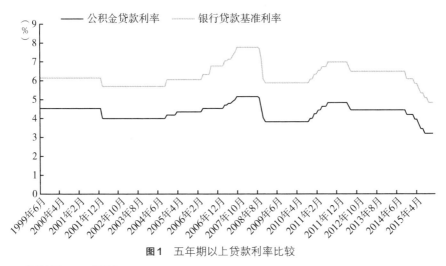

图1 五年期以上贷款利率比较

资料来源：Wind 数据库。

京为例，借款申请人购买政策性住房或套型建筑面积在 90 平方米（含）以下的首套自住住房，贷款最高额度为 120 万元，购买套型建筑面积在 90 平方米以上非政策性住房或第二套住房的，贷款最高额度为 80 万元，贷款价值比较低。最后，公积金贷款利率低，居民还款负担较低。据统计，截至2014 年，全国公积金贷款逾期额为 3.16 亿元，逾期率为 0.12‰，同期内，公积金贷款风险准备金余额为 895.07 亿元，占个人住房贷款余额的 3.51%。

其三，各地公积金使用效率差异大。目前，我国公积金管理主要以地级市为单位设立公积金管理中心，负责公积金的管理运作，资金不能跨区调剂使用。由于各地区房地产发展分化严重，各地住房公积金的使用效率存在显著差异。中小城市公积金贷款需求不足，资金大量闲置；大城市贷款需求旺盛，资金紧张，流动性风险凸显（陈黎，2014）。据统计（见图 2），2014 年，重庆市公积金的个贷率高达 93.44%，而山西省公积金的个贷率仅为 23.9%，相差将近 70 个百分点，如果具体到各地级市，差异则更大，个别城市的个贷率已经超过 100%。

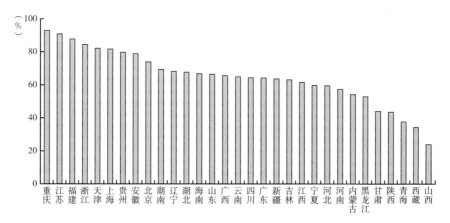

图2　各省住房公积金使用效率

资料来源：住建部。

其四，公积金管理中心是一个承办金融业务的事业单位。目前，我国《住房公积金管理条例》规定，住房公积金管理中心是不以营利为目的的独立的事业单位。因此，我国的住房管理中心实际上是一个承办金融业务的事业单位，这种性质定位上的多重性对住房公积金管理造成诸多障碍。例如，行政化缺点明显，贷款审批烦琐、审批周期长；资金保值增值的激励不足，将大量闲置资金沉淀在银行；公积金管理中心不受人民银行等金融监管机构的监管，只受政府财政审计监督，这容易导致对公积金管理中心的监管不足，易生腐败（马克群，2013）。

二　中国个人住房贷款证券化现状

我国个人住房信贷市场由以商业银行为主体的商业性信贷和以住房公积金贷款为主体的政策性信贷两大体系构成，其中，商业性住房信贷市场占主导地位。因此，我国居民住房抵押贷款证券化也大致分为两类：一类是商业性个人住房抵押贷款证券化，另一类是住房公积金贷款证券化。

（一）商业性个人住房抵押贷款证券化

商业性个人住房抵押贷款证券化的发起人为商业银行，基础资产为商业性个人住房抵押贷款。我国于 2005 年启动资产证券化，截至 2015 年底，我国总共发行了 11 笔商业性住房抵押贷款支持证券（Residential Mortgage-Backed Securities, RMBS），其中，有 8 笔发生在 2015 年，其余三笔分别发生在 2005 年、2007 年和 2014 年，累计发行额为 399.7 亿元 [①]。

总体来讲，我国商业性个人住房抵押贷款证券化业务发展缓慢，商业银行发行 RMBS 的积极性较低，主要原因如下。其一，住房的集体质押转让问题尚未得到妥善解决。中国现行法律环境下，住房抵押贷款难以实现质押权的批量集中变更登记，导致质押权不能从发起人手中真正转移至 SPV 手中，这无疑会产生较大的不确定性与法律风险。其二，住房抵押贷款的利率低于一般贷款利率，这种基础资产的低收益对投资者吸引力不大。其三，住房抵押贷款属于银行内部的优质贷款，商业银行缺乏将其证券化的动力。其四，中国购房者提前还款的概率远高于国外居民，造成 RMBS 面临较高的提前偿付风险（张明等，2015）。

（二）住房公积金贷款证券化

我国住房公积金贷款证券化起步于 2015 年。2014 年 10 月，住建部、财

---

① 数据来源于 Wind 数据库。

政部和央行联合下发《关于发展住房公积金个人住房贷款业务的通知》，鼓励住房公积金个贷率在 85% 以上的城市，主动采取措施盘活存量贷款资产，积极探索发展公积金贷款证券化业务。武汉市住房公积金管理中心于 2015 年 6 月尝试发行了我国第一笔公积金贷款支持证券，发行总额为 5 亿元。2015 年 9 月，住建部、财政部和央行联合发布《关于切实提高住房公积金使用效率的通知》，提出要拓宽贷款资金筹集渠道，有条件的城市积极推行住房公积金个人住房贷款资产证券化业务。此后，公积金贷款证券化步伐明显加快。

截至 2015 年底，我国共发行 7 笔公积金贷款支持证券，累计发行额为 93.6 亿元。其中，有 2 笔通过银监会，以信贷资产证券化的方式完成，发起人均为上海市住房公积金管理中心；有 5 笔通过证监会，以资产支持专项计划的方式完成，发起人分别是泸州市、三明市、湖州市、杭州市和武汉市住房公积金管理中心。

（三）开展公积金贷款证券化的意义

第一，提高公积金管理中心资金使用效率。公积金资产证券化将小额、分散的基础资产打包、分层，转化成标准化的债券资产在资本市场出售，有利于提高公积金管理中心资产周转率，从而提高资金使用效率，增加贷款供给，凸显公积金贷款在我国住房金融体系中的重要性。

第二，缓解我国房地产去库存压力。据统计，2000 年到 2015 年，全国房屋累计新开工面积 175 亿平方米，而累计销售面积只有 119 亿平方米，住房供给与销售之间的差额接近 60 亿平方米，房地产面临巨大的去库存压力。[1] 与此

---

① 数据来源于 Wind 数据库。

同时，我国又有大量居民，特别是新市民和农民工，还没有住房。如何平稳地实现去库存？一方面应适当减小房地产投资规模，降低经济体对房地产的依赖度；另一方面，更要释放居民合理的住房需求。开展公积金贷款证券化，有助于增加公积金贷款供给，促进住房消费，帮助房地产业平稳地去库存，避免房地产市场崩溃，从而避免商业银行不良贷款率大幅上升，维持金融稳定。

第三，巩固并加快我国城镇化进程。目前，我国城镇化率仅为 55%，远低于欧、美、日等发达国家，城镇化的潜力还很大，每年新增城镇人口超过 1000 万人。新增人口需要买房，这些新市民的收入水平普遍有限，对公积金贷款的依赖性较高。公积金贷款证券化有助于提高公积金管理中心的信贷供给能力，从而可以扩大公积金贷款的覆盖面，满足部分新市民的购房需求。"居者有其屋"将从根本上提高我国城镇化的质量。

三　住房抵押贷款证券化的国际经验

从国际经验来看，RMBS 大致可以分为两类：一类是机构 RMBS（Agency RMBS），也叫公共部门 RMBS（Public RMBS）；另一类是非机构 RMBS（Non-agency RMBS），也叫私人 RMBS（Private RMBS）。前者的发起人为政府支持机构（Government Sponsored Enterprises，GSEs），后者的发起人是商业银行、储蓄贷款协会和信托银行等私人金融机构。从实践经验来看，机构 RMBS 更为普遍，诸如美国和日本。

（一）美国的经验

美国个人住房抵押贷款证券化一般有两条路径：一是以房地美和房

利美为代表的 GSEs 发行的机构 RMBS，二是商业银行等金融机构发行的非机构 RMBS。信贷质量较高的小额居民住房抵押贷款主要走第一条路径，而大额居民住房抵押贷款、次级抵押贷款和房屋净值贷款则走第二条路径。

美国商业银行可将满足要求的个人住房抵押贷款出售给"两房"，"两房"再将这些基础资产打包证券化，发行 RMBS，并提供信用担保。出售贷款的商业银行可以选择收取现金，也可以换取等额的机构 RMBS。2014 年底，美国机构 RMBS 余额为 7.1 万亿美元，占全美 RMBS 余额的比重为 88.2%。①2008 年全球金融危机前夕，美国私人住房抵押贷款证券化蓬勃发展，年发行规模直追机构 RMBS；然而，金融危机后，私人住房抵押贷款证券化业务急速萎缩（见图 3）。

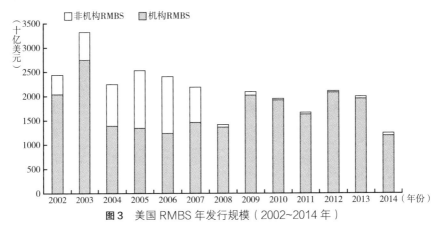

图3　美国 RMBS 年发行规模（2002~2014 年）

资料来源：SIFMA。

---

① 　数据来源于 SIFMA。

（二）日本的经验

日本居民住房抵押贷款证券化也大致分为两类：一类是由日本住房支援机构（Japan Housing Financing Agency，JHF）发行的 RMBS，另一类是由商业银行、信托银行和区域银行等金融机构发行的 RMBS。截至 2015 年 3 月，JHF 发行的 RMBS 余额为 11.05 万亿日元，其他金融机构发行的 RMBS 余额仅为 3.51 万亿日元。2008 年全球金融危机后，日本私人部门资产支持证券发行规模也大幅萎缩（见图 4）。

JHF 的前身是政府住房贷款公司（Government Housing Loan Corporation，GHLC）。GHLC 是日本最大的住房抵押贷款提供者，是日本政府为了支持本国房地产市场发展，于二战后成立的 GSEs。2001 年小泉内阁施行财政改革，GHLC 的职能由原先的一级市场放贷转向二级市场证券化。2007 年，GHLC 改组为 JHF，主要从事居民住房抵押贷款证券化业务，即购买私人金融部门发行的居民住房抵押贷款，将其打包后发行 RMBS，并提供信用担保。

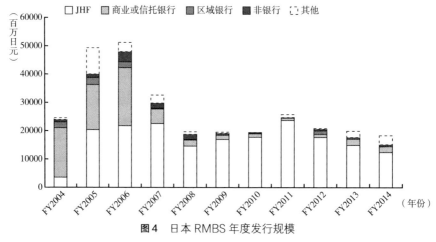

图 4　日本 RMBS 年度发行规模

资料来源：JSDA。

四　中国公积金贷款证券化面临的重要掣肘：发起人过于分散

中国的公积金贷款证券化类似于美国"两房"和日本 JHF 发起的住房抵押贷款证券化，发起人都是具有政府背景的公共部门。但是，"两房"和 JHF 并不直接发放住房贷款，而是购买商业银行发行的、符合条件的居民住房抵押贷款进行证券化；而我国的住房公积金管理中心既是贷款发起人又是证券化发起人。截至 2014 年，全国设区城市共设有 342 个住房公积金管理中心，另外，还有 208 个未纳入设区城市统一管理的分中心，也就是说，中国公积金贷款证券化的潜在发起人可达数百家。发起人过于分散不利于降低融资成本，也不利于我国 RMBS 市场的发展。

其一，RMBS 基础资产池的规模和地域分布受限，风险分散程度低，将削弱资产证券化的"风险分散效应"。如果将公积金贷款出售给一两家全国性的 GSEs，由其进行证券化，那么基础资产池的规模和多样性将大大增加，从而加强风险分散效应。

其二，与全国性的 GSEs 相比，公积金管理中心的担保优势不明显。从国际经验来看，GSEs 都会对其发行的 RMBS 提供信用担保，这些机构的信用相当于准国家信用，有利于降低 RMBS 的融资成本。一方面，有了 GSEs 的信用担保，RMBS 发行所需要的其他信用增级措施将大大减少，信用增级费用降低。例如，美国"两房"发行的 RMBS 很大一部分属于过手证券（Pass-through）[①]，

[①]　转付型证券化（Pay-through）会根据投资者对风险、收益和期限等的不同偏好，对基础资产产生的现金流进行剥离和重组；过手型证券化（Pass-through）并不对基础资产产生的现金流进行任何剥离和重组。

日本 JHF 发行的 RMBS 均为过手证券，即不对基础资产产生的现金流进行剥离和重组。另一方面，具有准政府信用担保的债券，其发行利率也会较低。各地住房公积金管理中心资产规模差异大，大部分管理中心担保能力不足，不利于降低 RMBS 的融资成本。然而，公积金贷款属于政策性贷款，贷款利率偏低，因此，降低其证券化成本，减少贴息甚至实现盈利，显得尤为重要。

其三，过于分散的发行方式难以发挥规模效应。从目前已完成的几笔公积金贷款证券化业务来看，最高发行规模仅为 50 亿元，最低为 4 亿元，单笔发行规模较小，规模效应不明显。而且，如果每个住房公积金管理中心都打造一个证券化班底，那么将存在很大的资源浪费。

其四，过于分散的发行方式不利于 RMBS 市场的培育。从国际经验来看，GSEs 在促进 RMBS 市场发展方面发挥着十分重要的作用，特别是在早期市场培育阶段。美国和日本的 RMBS 都是以机构 RMBS 为主，非机构 RMBS 为辅，美国的证券化市场更是在机构 RMBS 市场上不断发展起来的。我国这种分散性的发行方式可能使得 RMBS 在标准性和安全性上存在劣势，从而不利于我国 RMBS 市场的培育。

五　结论与政策建议

总体来讲，我国公积金贷款的政策性强，贷款利率较低，安全性高，但各地公积金管理中心的资金使用效率差异巨大。公积金贷款证券化有助于提高公积金管理中心资金使用效率，扩大贷款供给，同时，还有助于缓解我国房地产去库存压力，加快并巩固城镇化进程。但是，与美国和日本机构 RMBS 的发展经验相比，我国公积金贷款证券化的发起人过于分散，这既不利于降低融资成本，也不利于 RMBS 市场的培育和发展。为了更大限度地发挥公积金贷款证券化的效用，本文提出如下政策建议。

第一，设立全国性的 GSEs 负责公积金贷款证券化。如上所述，我国公积金贷款证券化发起人过于分散，这既不利于降低公积金贷款支持证券的融资成本，也不利于我国 RMBS 市场的发展，因此，可以考虑成立全国性的、大型的 GSEs（例如，国家住房银行）负责公积金贷款证券化。GSEs 根据各地区经济、人口和房地产市场发展状况公布符合其购买标准的公积金贷款条件。住房公积金管理中心可以将符合条件的公积金贷款出售给 GSEs，由该机构定期地、统一地发行公积金贷款支持证券，并提供信用担保。这一方面有利于降低公积金贷款证券化的成本；另一方面有利于我国 RMBS 市场的培育，带动商业性住房抵押贷款证券化的发展。

第二，允许公积金管理中心购买公积金贷款支持证券。我国各地房地产市场发展分化严重，各地住房公积金使用效率存在显著差异，资金供需矛盾突出。一些地区公积金使用效率高，资金紧张，流动性风险凸显；另一些地区公积金使用效率低，大量闲置资金沉淀在银行。但当前，我国公积金跨区调剂使用很难，公积金异地贷款难以推进。允许公积金管理中心在一级市场认购或是二级市场购买公积金贷款支持证券，将极大地提高公积金跨区使用效率。这一方面有利于增加资金闲置地区住房公积金管理中心的投资渠道，增加公积金增值收益；另一方面有利于拓宽资金短缺地区住房公积金管理中心的资金来源，通过证券化市场促进住房公积金跨区使用。

第三，将公积金贷款支持证券纳入央行合格抵押品范围。公积金贷款的安全性高，属于优质资产。因此，可以考虑将公积金贷款支持证券纳入央行的合格抵押品范围，这一方面可以增加我国金融市场优质抵押担保品的种类和规模，扩大中央银行货币政策操作空间，另一方面有利于提高公积金贷款支持证券对机构投资者的吸引力。

第四，注意防范公积金贷款证券化可能引致的道德风险。在传统的信用中介模式中，发起人将贷款持有至到期，承担了信贷资产的全部风险。资产证券化兴起后，发起人的经营由"发起并持有至到期"模式转变为"发起并分销"模式，发起人成为贷款的中转站，这很可能导致贷款发起人对信贷资产风险的关注度下降，从而降低贷款发起人严格执行贷款标准的激励，这就是所谓的资产证券化中的道德风险。Mian 和 Sufi（2009）、Keys 等（2010）、Nadauld 和 Sherlund（2013）通过实证检验均发现，资产证券化降低了信贷发放机构的贷款标准。因此，监管部门应当警惕公积金贷款证券化可能导致的道德风险，例如，要求负责证券化的 GSEs 严格按照要求，只购买符合要求的公积金贷款；由各地公积金管理中心共同出资设立风险补偿基金，弥补由公积金贷款违约造成的损失，与 GSEs 形成风险共担机制。

第五，进一步完善公积金管理制度。其一，扩大住房公积金覆盖范围。目前，我国住房公积金缴存主要以国家机关、事业单位和国有企业为主，私营企业和中小企业职工公积金缴存比率低。住房公积金制度是我国保障性住房金融体系最重要的组成部分，是解决中低收入阶层住房问题的有效途径，不应当将其局限在国家机关与国有企业。我国应逐渐将具有稳定劳动关系的城市常住人口（例如，农民工）纳入住房公积金缴存体系，这一方面有利于鼓励农民工进城购房，缓解房地产去库存压力；另一方面有利于提高我国城镇化的质量，促进社会公平。其二，将公积金管理中心改制成政策性金融机构，加强监管。根据《住房公积金管理条例》规定，我国的住房公积金管理中心是一个承办金融业务的事业单位，这种性质定位上的多重性对住房公积金管理造成诸多障碍。因此，建议将公积金管理中心改制成政策性金融机构，并将其纳入金融监管范畴，加强监管，维护公积金缴存者的利益。

参考文献

［1］ DeMaro，P.，"The Pooling and Tranching of Securities: A Model of Informed Intermediation"，*Review of Financial Studies*, 18, 2005.

［2］ Mian, A., and A. Sufi, "The Consequences of Mortgage Credit Expansion: Evidence from the 2007 Mortgage Default Crisis"，*Quarterly Journal of Economics*, 124，2009.

［3］ Nadauld, T. D., and S. M. Sherlund, "The Impact of Securitization on the Expansion of Subprime Credit"，*Journal of Financial Economics*, 107, 2013.

［4］ Keys, B. J.，T. Mukherjee, A. Seru, and V. Vig, "Did Securitization Lead to Lax Screening? Evidence from Subprime Loans"，*Quarterly Journal of Economics*, 125, 2010.

［5］ 陈黎:《住房公积金抵押贷款证券化之设想》,《中国市场》2014 年第 42 期。

［6］ 马克群:《论我国住房公积金制度的弊端及改革》,《内蒙古财经大学学报》2013 年第 11 卷第 3 期。

［7］ 张明、高倍、邹晓梅:《中国资产证券化衔枚疾进》,《金融市场研究》2015 年第 3 期。

［8］ 赵若琼:《住房公积金的昨天今天和明天》,方正证券房地产行业研究报告，2015 年 2 月 27 日。

附录3
不动产证券化三种模式比较：
MBS、CB 和 REITs*

摘　要：发展不动产证券化有助于缓解我国房地产去库存压力，巩固城镇化
　　　　发展进程，增加居民投资渠道。本文将分析并比较不动产证券化三
　　　　种主要模式：MBS、CB 和 REITs。并为我国开展不动产证券化提
　　　　供政策建议。

关键词：不动产　抵押贷款支持证券　担保债券　房地产投资信托基金

　　当前我国房地产产能过剩明显，库存积压严重，尤其是在三、四线城
市，对我国金融稳定和经济健康发展形成较大压力，"去库存"已成为我国供
给侧改革五大任务之一。据统计，2000 年到 2015 年，全国房屋累计新开工
面积 175 亿平方米，而累计销售面积只有 119 亿平方米，住房供给与销售之

---

* 本文发表于《金融市场研究》2016 年第 9 期。

间的差额接近 60 亿平方米。① 与此同时，我国又有大量居民尚无住房，受收入分配差距不断拉大的影响，居民住房需求增长后继乏力，有效需求不足。房地产库存过多，需求不足，将导致房价下行压力增大，房地产企业资金回收困难，进而导致商业银行不良贷款率上升，诱发金融风险，影响经济健康发展。发展不动产证券化有助于增加房地产市场资金来源，促进住房消费，帮助我国房地产去库存。

不动产证券化是指将流动性较低的不动产转化成流动性较高的证券资产的过程。从国际经验来看，不动产证券化主要有三种模式，即抵押贷款支持证券（Mortgage-Backed Securities, MBS）、担保债券（Covered Bonds，CB）和房地产投资信托基金（Real Estate Investment Trusts，REITs）。本文将比较分析不动产证券化三种模式的区别与联系，并为我国开展不动产证券化提供政策建议。

一　MBS

抵押贷款支持证券是指将住房抵押贷款出售给特殊目的载体（Special Purpose Vehicle，SPV），经过打包和分层等措施，使得该组资产在可预见的未来产生相对稳定的现金流，并在此基础上通过信用增级提高其信用评级，最终在债券市场进行出售的过程。

根据基础资产类型，可将 MBS 分为 RMBS 和 CMBS 两类，前者的基础资产为居民住房抵押贷款（Residential Mortgage），后者的基础资产为商业住房抵押贷款（Commercial Mortgage），RMBS 的规模远大于 CMBS。根据现金流拆分方式的不同，MBS 可以分为过手型 MBS、担保抵押贷款凭

---

① 数据来源于 Wind 数据库。

证（Collateralized Mortgage Obligations, CMO）和剥离式 MBS。其中，过手型 MBS 不对抵押贷款资产池产生的现金流进行任何剥离和重组，直接将本息按比例支付给投资者；CMO 会根据投资者对风险、收益和期限等的不同偏好，对抵押贷款资产池产生的现金流进行剥离和重组，再分配给对应的投资者，剥离重组后产生的高等级债券，现金流较为稳定，风险较低；剥离型 MBS 将抵押贷款资产池产生的现金流本金和利息进行分离，并支付给相应的投资者，因此又进一步分为本金型（Principle Only, PO）和利息型（Interest Only, IO）两种。

MBS 是最普遍的不动产证券化模式。截至 2015 年底，美国、欧洲和日本 MBS 余额分别为 8.7 万亿美元、0.83 万亿欧元（约 1.1 万亿美元）和 15.5 万亿日元（约 0.13 万亿美元）。[①] 美国是 MBS 的发源地，也是全球最大的 MBS 市场。

在实践中，MBS 以 RMBS 为主。RMBS 的发行人可以分为两类：一类是政府支持机构，例如美国的房地美和房利美、日本的住房支援机构（Japan Housing Financing Agency, JHF），商业银行等信贷机构可以将符合要求的优质居民住房抵押贷款出售给政府支持机构，由其实施证券化，这类机构在证券化方面拥有显著的规模优势、风险分散优势和担保优势；另一类是私人金融机构，包括商业银行、储蓄贷款协会和信托银行等。在美国和日本，政府支持机构是 RMBS 最主要的发行人，截至 2015 年底，美国和日本政府支持机构发行的 RMBS 余额占全部 RMBS 余额的比重分别为 83% 和 77%；私人金融机构发行的 RMBS 所占比重则较小，2008 年全球金融危机之前，私人金融机构发行的 RMBS 占比显著增加，但是美国次级贷款危机爆

[①] 美国和欧洲 MBS 的数据来源于美国证券业与金融市场协会（SIFMA），日本 MBS 的数据来源于日本证券交易协会（JSDA）。

发，资产证券化中存在的逆向选择和道德风险问题暴露出来，金融市场对资产证券化，特别是私人部门资产证券化产生怀疑，私人部门资产证券化显著萎缩。在欧洲，则没有与"两房"或 JHF 类似的政府支持机构作为 RMBS 的发行人。

二　CB

担保债券是指商业银行以住房抵押贷款、对公共部门贷款以及船舶贷款等高质量信贷资产构建担保池而发行的一类融资债券。MBS 对应的基础资产可以出表，但 CB 对应的基础资产仍然保留在银行资产负债表内，CB 投资者不仅对基础资产具有追索权，对发起人也具有追索权，因此 CB 又被称作表内双担保债券。

CB 的基础资产以优质的住房抵押贷款和对公共部门贷款为主，另外也有少量的船舶贷款。据统计，以住房抵押贷款为基础资产的 CB 占比逐渐上升，2005 年至 2014 年，以住房抵押贷款为基础资产的 CB 余额从 7721 亿欧元上升至 2.1 万亿欧元，占 CB 余额的比重从 46% 上升至 83%。[①] 担保债券的发行方式分为直接发行和间接发行两种。直接发行无须借助于 SPV，由商业银行直接组建资产池，并以该资产为标的发行担保债券，资产仍然停留在商业银行表内。间接发行需要借助于 SPV，SPV 负责担保 CB 本息的支付，银行仍是债券的发行者，但将担保资产专门转移到 SPV，这种发行方式流行于英国和荷兰等没有专门的担保债券立法的国家（Packer et al., 2007）。

虽然欧洲以外的地区也有 CB 的发行，但欧洲一直是 CB 最主要的市场。

---

① 担保债券的数据来源于欧洲担保债券委员会（ECBC）。

2014 年欧洲 CB 余额占全球担保债券余额的比重将近 95%，排前四位的国家依次是德国、丹麦、法国和西班牙。欧洲国家对 CB 的发展非常重视，许多国家都针对担保债券制定了专门的法律法规。CB 在丹麦、西班牙、瑞典以及一些中东欧国家居民住房贷款来源中的比重都超过了 30%，成为这些国家金融机构外部融资的主要渠道（宣昌能、王信，2009）。

与 MBS 相比，CB 具有两大特点。其一，MBS 属于表外证券化，而 CB 属于表内证券化，即担保资产仍然位于银行资产负债表内，投资者不仅对基础资产具有优先追索权，对发起人也有追索权，这种安排降低了投资者面临的违约风险。其二，担保债券的资产担保池是动态的，如果担保池中某些资产的质量下降，银行必须用其他优质资产、现金或现金等价物替代不良资产，而且发起人必须自始至终维持超过资产担保债券名义价值的资产池，公共或独立的监督机构将定期对担保池的资产价值进行检测并向投资者报告。[1] 例如，欧盟资本要求指令（CRD）规定居民住房抵押贷款的贷款价值比（LTV）最高为 80%，商业住房抵押贷款的 LTV 最高为 60%，而欧洲各国可能会据此制定更加严格的规定。相比之下，MBS 的基础资产池一般是静态的，没有类似的资产替换机制，该机制进一步提高了 CB 的安全性。因此，金融危机爆发后，虽然投资者风险偏好下降，CB 的吸引力却不降反升。

三 REITs

房地产投资信托是一种证券化的产业基金，它通过发行收益凭证汇集投资者的资金，并将其用于购买房地产项目，委托专门从事房地产经营活动的投资

---

① 资料来源于中国人民银行。

公司进行经营管理，再将投资收入通过派息的方式分配给投资者（古川令治和张明，2006）。REITs 一般为公开发行，投资者既可以长期持有收益凭证，也可以在证券市场上转让收益凭证。因此，与直接投资房地产相比，REITs 的流动性更强。REITs 在大大降低房地产投资资金门槛的同时，充分发挥了房地产投资的规模效应和专业化优势。REITs 免交企业所得税，但必须满足以下条件：必须将90% 以上的年度应税收入作为股息分配给投资者；必须将 75% 以上的资产配置于不动产、房地产抵押贷款、其他 REITs 份额、现金或政府债券；总收入中至少有 75% 来源于租金、抵押贷款利息以及不动产物业出售实现的利得，至少有95% 是来源于以上资源加上股息、利息及证券出售的利得（布洛克，2014）。

REITs 分为权益型（Equity）、抵押型（Mortgage）和混合型（Hybrid)三种。权益型 REITs 自己持有并运营房地产，将房地产租金等收入作为主要来源，主要投资对象包括购物中心、公寓、医疗中心、写字楼、工业区、酒店、游乐区等；抵押型 REITs 将资金以抵押贷款的形式借贷给房地产开发商，或是购买抵押贷款、MBS，以赚取利息为主要收入来源；混合型 REITs 是前两类 REITs 的组合。随着时间的推移，权益型 REITs 逐渐占据主导地位，2015 年，美国权益型 REITs 占美国 REITs 总市值的 94%。

目前，全球已有三十多个国家和地区相继推出 REITs。美国是最早推出 REITs 的国家，也是全球 REITs 规模最大的国家，截至 2015 年，美国共有 233 只上市的 REITs，市值约为 9400 亿美元，占全球 REITs 的份额将近60%。日本是亚洲第一个拥有 REITs 的国家，截至 2016 年 5 月，日本拥有54 只上市 REITs，市值约为 12 万亿日元。[①]

与 MBS 和 CB 相比，REITs 有三方面的不同：其一，MBS 和 CB 属于

---

① 美国 REITs 的数据来源于美国房地产投资信托协会（NAREIT），日本 REITs 数据来源于日本不动产证券化协会（ARES）。

固定收益类产品，而 REITs 属于股权类产品，可像股票一样在交易所挂牌上市，市值波动较大。其二，MBS 和 CB 的基础资产主要以居民住房抵押贷款为主，商业住房抵押贷款为辅，收入来源主要是贷款利息，而 REITs 的投资对象主要是商业地产项目，收入来源主要是商业地产经营中产生的租金、物业费和资产增值等收益。其三，经营方式有所不同。一般而言，REITs 有两种典型的运作方式，一种是成立特殊目的载体向投资者发行收益凭证，将所募集的资金集中投资于房地产及其相关金融资产，并用获得的收益向投资者支付股息；另一种是由房地产或物业开发商将旗下部分或全部经营性物业资产打包，设立专门的 REITs，将 REITs 均等地分成若干份出售给投资者，定期派发红利。而 MBS 和 CB 一般是先构建资产池，再以该资产池为基础在金融市场发行债券，即先有资产后有负债。

不动产证券化三种模式的比较如表 1 所示。

表 1   不动产证券化三种模式比较

	MBS	CB	REITs
收益类型	固定收益类	固定收益类	股权类
基础资产	住房抵押贷款	住房抵押贷款	主要为商业性地产项目
收入来源	利息收入	利息收入	租金、物业费、资产增值等
运营方式	先构建资产池，再发行债券	先构建资产池，再发行债券	其一，先募集资金，再投资运营地产项目；其二，先划定所经营的不动产，再募集资金
是否出表	基础资产将转移至 SPV	基础资产保留在表内，但隶属于担保池	
对发起人的追索权	没有	有	
资产池管理	静态的	动态的	

四   结论与政策建议

我国资产证券化整体起步较晚，发展较为缓慢。当前，我国不动产证券化在整个资产证券化中所占的比重仍然较低。我国的不动产证券化主要包括 MBS 和少数类 REITs 产品。目前，我国发行的 MBS 基本上为 RMBS，截至 2016 年 6 月，我国共发行 29 笔 RMBS，累计发行额度 1000 亿元，发起人主要是商业银行和住房公积金管理中心。[①] 目前，我国仅有一只标准意义上的 REITs，即 2015 年 6 月发行的鹏华前海万科 REITs，此外，我国从 2014 年 1 月起先后发行了中信启航专项资产管理计划等数笔类 REITs 产品，这些产品实际上都属于房地产信托，有明确的期限，且均为私募发行。

（一）当前我国开展不动产证券化的意义

首先，有利于缓解我国房地产去库存压力。目前，我国房地产市场存在较大的去库存压力，特别是在三、四线城市，与此同时，我国又有大量居民尚无住房。发展住房抵押贷款证券化有助于增加商业银行和住房公积金管理中心信贷供给，释放居民合理的住房需求；发展 REITs 有助于增加商业地产市场的资金供给，增加商业地产的需求。由此可见，开展不动产证券化有助于房地产平稳去库存，避免房地产市场崩溃，从而避免商业银行不良贷款率大幅上升，维持金融稳定。

其次，巩固并加快我国城镇化进程。目前，我国城镇化率仅为 55%，远低于欧、美、日等发达国家，城镇化的潜力巨大，每年新增城镇人口超过 1000 万人。住房抵押贷款证券化有助于提高商业银行和住房公积金中心的信贷意愿，从而可以扩大住房抵押贷款的覆盖范围，满足部分新市民的购房需求。实现"居者有其屋"，将从根本上提高我国城镇化的质量，巩固并加快我国城镇化进程。

---

① 数据来源于 Wind 数据库。

最后，发展不动产证券化有助于拓宽居民的投资渠道。目前，我国居民可投资的金融资产种类较为欠缺，多样化程度低，发展不动产证券化有助于降低居民投资房地产的门槛，获取房地产发展过程中带来的收益，拓宽居民的投资渠道。

（二）推进不动产证券化发展的政策建议

首先，消除不动产证券化过程中存在的法律障碍。例如，妥善解决我国住房集体质押转让问题。在中国现行法律环境下，住房抵押贷款难以实现质押权的批量集中变更登记，导致质押权不能从发起人手中真正转移至 SPV 手中（张明等，2015）；制定 REITs 专属立法，规范 REITs 监管机制和信息披露机制，使我国 REITs 从产品的设计、资产结构、运营，到收益分配、税收优惠均有法可依。

其次，对符合标准的 REITs 免征企业所得税，避免双重征税。从国外经验来看，推行 REITs 的国家都在 REITs 层面上给予了免征所得税等税收优惠政策，避免双重征税。而我国目前尚无针对 REITs 的税收优惠，REITs 将面临双重征税的窘境。

最后，成立全国性的、大型的政府支持机构实施住房抵押贷款证券化。例如，可考虑先从公积金贷款入手，成立专门的政府支持机构负责公积金贷款证券化，并提供信用担保。这一方面有利于降低公积金贷款证券化的成本；另一方面有利于我国 RMBS 市场的培育，带动商业性居民住房抵押贷款证券化的发展。

参考文献

［1］ Packer, F., R.Stever, and C.Upper, "The Covered Bond Market", *BIS Quarterly Review*, 2007.

［2］ 〔日〕古川令治、张明:《资产证券化手册》,中国金融出版社，2006。

［3］ 〔美〕拉尔夫·L. 布洛克:《房地产投资信托基金》，宋光辉等译，机械工业出版社，2014。

［4］ 宣昌能、王信:《金融创新与金融稳定：欧美资产证券化模式的比较分析》,《金融研究》2009 年第 5 期。

［5］ 张明、高蓓、邹晓梅:《中国资产证券化衔枚疾进》,《金融市场研究》2015 年第 3 期。

图书在版编目(CIP)数据

资产证券化与影子银行 / 邹晓梅著. -- 北京：社
会科学文献出版社，2018.6
ISBN 978-7-5201-2647-2

Ⅰ.①资… Ⅱ.①邹… Ⅲ.①资产证券化－关系－非
银行金融机构 Ⅳ.①F830.91

中国版本图书馆CIP数据核字（2018）第085913号

资产证券化与影子银行

著　　者 / 邹晓梅

出 版 人 / 谢寿光
项目统筹 / 恽　薇　高　雁
责任编辑 / 王楠楠　王红平

出　　版 / 社会科学文献出版社·经济与管理分社（010）59367226
　　　　　　地址：北京市北三环中路甲29号院华龙大厦　邮编：100029
　　　　　　网址：www.ssap.com.cn
发　　行 / 市场营销中心（010）59367081　59367018
印　　装 / 天津千鹤文化传播有限公司

规　　格 / 开　本：787mm×1092mm 1/16
　　　　　　印　张：16.5　字　数：220千字
版　　次 / 2018年6月第1版　2018年6月第1次印刷
书　　号 / ISBN 978-7-5201-2647-2
定　　价 / 79.00元